MANUAL PARA CAPACITAR PROFESIONALES EN LA INTERVENCIÓN Y EL MANEJO DE VÍCTIMAS DE ACOSO ESCOLAR O "BULLYING"

MANUAL PARA CAPACITAR PROFESIONALES EN LA INTERVENCIÓN Y EL MANEJO DE VÍCTIMAS DE ACOSO ESCOLAR O "BULLYING"

DRA. MARÍA M. MENDOZA-RODRÍGUEZ, PSY.D.

Número de Control de la Biblioteca del Congreso de EE. UU.:		2012920395
ISBN:	Tapa Blanda	978-1-4633-4248-7
	Libro Electrónico	978-1-4633-4249-4

Para pedidos de copias adicionales de este libro, por favor contacte con:
Palibrio
1663 Liberty Drive
Suite 200
Bloomington, IN 47403
Gratis desde EE. UU. al 877.407.5847
Gratis desde México al 01.800.288.2243
Gratis desde España al 900.866.949
Desde otro país al +1.812.671.9757
Fax: 01.812.355.1576
ventas@palibrio.com
428355

ÍNDICE

UNIDAD I

CARACTERÍSTICAS, IMPACTO EMOCIONAL, PSICOLÓGICO Y SOCIAL DE LA CONDUCTA DE ACOSO ESCOLAR

UNIDAD II

TRATAMIENTOS, PROGRAMAS Y ESTRATEGIAS DE MANEJO E INTERVENCIÓN CON NIÑOS/AS O ADOLESCENTES VÍCTIMAS DE ACOSO ESCOLAR

UNIDAD III

ESTRATEGIAS Y TÉCNICAS RECOMENDADAS DE INTERVENCIÓN CON LA VÍCTIMA DE ACOSO ESCOLAR

"La violencia es miedo de las ideas de los demás y poca fe en las propias."

Antonio Fraguas

INTRODUCCIÓN

Este Manual de capacitación se diseñó con el objetivo principal de facilitar y ayudar en las intervenciones a los profesionales de la conducta humana y de ésta forma lograr ser de beneficio para tratar a los niños o adolescentes que han sido víctimas de acoso escolar. Así mismo, esperamos que con ésta herramienta y con ayuda de un especialista, las víctimas puedan desarrollar las destrezas necesarias que minimicen la exposición a experiencias similares y a su vez subsanen experiencias previas de forma adecuada.

Como especialista en el área de salud mental, esperamos que el contenido de este manuscrito aporte conocimiento, cómo estrategias específicas y ejercicios para que de ésta forma se maneje la problemática del acoso escolar. Pues entendemos que si los profesionales tienen el conocimiento y las herramientas necesarias para intervenir en este tipo de conducta, puedan proveer mejores servicios o ayuda; de modo que sea en beneficio para la salud mental y/o emocional de las víctimas.

Este trabajó se dividió en unidades que contienen capítulos, con aspectos teóricos y sus objetivos específicos. Al final le incluimos ejercicios prácticos y terapéuticos. Lo dividimos de la siguiente forma: en la primera unidad, establecimos características de las partes involucradas, el impacto emocional, psicológico y social de la conducta de acoso escolar. En la segunda unidad, presentamos tratamientos, programas y estrategias de manejo e intervenciones ya utilizadas con las víctimas de acoso escolar. Y por último, en la tercera unidad, presentamos ejercicios prácticos, estrategias y técnicas de invención que recomendamos para las víctimas.

DEDICATORIA

Dedico este Manual primordialmente Dios y el Divino Niño Jesús quienes han sido mi norte, mi motor, mi guía, mi soporte, mi dirección y ante todo mis cuidadores en cada instante de este trabajo y en mi decisión de llegar a ser una Doctora. Igualmente al desarrollo del bienestar de aquellos niños y niñas que día a día son víctimas de acoso escolar, para que en la medida de lo posible puedan sobrepasar esa experiencia dolorosa de vida y seguir adelante.

Me gustaría además dedicar este trabajo a grandes personas que amo con todo mi corazón y que siempre han dicho presente de una u otra forma en mi vida. A mis hijos Axel Omar, Kenneth Albrecht y Paola Nicole por haber comprendido cada momento en que no pude estar ahí presente para ellos en sus actividades y más que nada por su amor constante, que ha sido una gran batería en el arduo proceso de culminar mi carrera. A mi madre, Antonia, que ha sido de gran ayuda en toda mi vida, estando ahí de una u otra manera y de la forma en que ella solamente sabe hacerlo. A mi abuela, Carmen, quien ha sido como una madre desde muy pequeña, brindando sus cuidados y amor. A mi abuelo, Antonio, que aunque no estás en este mundo, sé y confío que estarás en uno mejor, pero lo que más me llena de satisfacción es poderte decir que aquí está tú "maestra" obteniendo un gran logro, que sé donde estés te llena de satisfacción; fuiste un gran padre para mí y creo que mejor que el que cualquiera hubiese podido tener.

Igualmente lo dedico a otras personas que fueron clave en momentos precisos. A algunos de mis compañeros, amigos y algunos de ellos más que eso, ya que se han convertido en hermanos durante mi carrera universitaria; por haber sido solidarios, comprensivos y estar ahí aunque fuese para escucharme cuando lo necesitaba. Muy en especial a la Dra. Jacqueline Castañeda, quién eres y haz sido siempre genuina y dada, eres un poco esa hermana que realmente nunca tuve presente. Jacki, haz estado en momentos importantes, para darme apoyo y dirección, eres un gran ser sobre la Tierra y ojalá hubiesen mil copias tuyas, porque hacen falta seres excepcionales como eres tú. Gracias triple, porque sin ti esto no sería una realidad.

A mi comité de tesis, factor clave para llegar a culminar este gran proyecto. A mi director de tesis, el Dr. José Cabiya Morales, a quién acudí a tocar la puerta en el último momento de mi carrera, para que me ayudara a culminar mi gran sueño de terminar mi proceso y sé que su gran corazón y como obra de humanidad, decidió estar presente y ayudarme a llegar. Muy en especial al Dr. Jaime Veray Alicea miembro distinguido y honorable de mi Comité, a quien realmente no tengo palabras para agradecer y describir cuanto agradezco su ayuda, dedicación, disposición, compromiso, apoyo y genuinidad para completar y que fuera posible este Manual; ante todo que estuviese disponible 24/7 en este difícil proceso. A la Dra. Delia Patricia González, a quién realmente no sé ni como decirle gracias por su apoyo incondicional en todo momento, su disposición, su preocupación por ayudarme y hacerse presente en los momentos más difíciles. A la Dra. Aida García, quién se hizo presente en el momento clave y me ayudó de una forma muy especial, con el corazón en la mano. A la Dra. Joylyn Suárez, quién de forma sorpresiva e inesperada, intentó poner su granito de arena, para que pudiera culminar este proceso. A todos mis profesores y supervisores que ayudaron a construir los primeros cimientos de la profesional que esperan que sea y que espero llegar a ser, ante todo que Dios me ayude a serlo ya que tuve excelentes modelos y guías a lo largo de todo mi caminar universitario.

A aquellos que entendían que yo no podía alcanzar lo que he logrado, que tal vez no confiaban y entendían que en la forma en que lo he realizado no se podía realizar, a los que me pusieron trabas, piedras o peñones en los escalones de esa gran escalera de llegar a ser una profesional e incluso en momentos me hicieron tener lágrimas en mi corazón; ya que me sirvieron de reto y motor para avanzar con mayor fuerza, coraje y dedicación. Me alegra hoy poderles decir y mostrarles que a pesar y en contra de todo pronóstico, "sí se puede" si uno se lo propone con gran esmero, positivismo, brindando lo mejor de nosotros a cada instante, siendo grandes seres humanos, dando sin mirar a quién y sobre todo, caminando de la mano de Dios; porque si estoy con Dios, todo es posible, lo importante es creerlo.

En general a todos aquellos seres especiales y maravillosos, que aunque no los menciono saben que de una u otra forma me apoyaron, se hicieron presentes, me brindaron dirección, consejos y no me dijeron que no, en los momentos en que más lo necesitaba. Realmente les quiero agradecer y desear que Dios los colme de bendiciones y les devuelva, todo lo que han hecho por mí y por ser parte de esto que un día fue un sueño y hoy se convierte en el futuro hecho realidad, gracias.

Atentamente;

Dra. María M. Mendoza-Rodríguez

RECONOCIMIENTO

Reconozco especialmente al Dr. Jaime Veray Alicea, quién fue mi guía, maestro, modelo y dirección en la realización de este Manual. Realmente sin él no creo que hubiese sido posible realizar este trabajo en la forma en que se realizó, espero Doctor que Dios lo colme siempre de bendiciones y le de mucha, pero mucha salud, permitiéndole ayudar a miles de estudiantes más, porque seres como usted no encontramos a diario ni se encuentran en nuestras carreras con gran facilidad. A la Dra. Delia Patricia González, quién trato de mover el cielo y la tierra, para que yo pudiera culminar este proceso. Son mis modelos a seguir, siendo seres especiales, brindándonos sin esperar nada a cambio sino por la satisfacción que nos brinda el ver como otras personas siguen adelante con éxito y bienestar. Gracias y les estaré eternamente agradecida por todo el apoyo brindado, disposición y dedicación en este proceso; espero no defraudarlos y ser igual de profesional como me han enseñado debemos ser, sin dejar el ser humano fuera de nuestro norte y hacerlo presente en cada paso de nuestro caminar.

Muy en especial al Dr. Hildebert A. Blasco Sardinas quién labora en Monserrate Medical en Carolina, Puerto Rico como Doctor en medicina general. Gracias por tener fe, creer en mí y en este gran proyecto. Sin tí esto no fuese una gran realidad. Fuiste otro de mis grandes milagros, un ángel en mi camino y espero Dios te colme siempre de salud y muchas bendiciones, gracias.

Gracias a todos,

Dra. María M. Mendoza-Rodríguez

PRÓLOGO

Estimados/as amigos/as lectores/as:

Para mí es un honor presentarles este Manual para Capacitar Profesionales en la Intervención y el Manejo de Víctimas de Acoso Escolar o "Bullying", realizado por la Dra. María Milagros Mendoza Rodríguez, Psicóloga Clínica. Conocí a la Dra. María Milagros Mendoza cuando fue aceptada en el año 2007 al Programa Doctoral Psy.D. de Psicología Clínica, en la Universidad Carlos Albizu, Recinto de San Juan, y acreditada por la reconocida Asociación Americana de Psicología (APA). Hoy ya en 2012, finalizado su doctorado con gran orgullo y distinción puedo expresar que fue un gran placer y mucha satisfacción al tener entre mis estudiantes tan distinguida alumna en clases como Diseño y Administración de Programas, Metodología de la Enseñanza y participando de su excelente trabajo de disertación que hoy vemos admirablemente convertido en este Manual de Capacitación.

La Dra. Mendoza Rodríguez se ha destacado por siempre ser una inalcanzable luchadora cuya historial de empleo refleja una extensa experiencia en la labor legal como resultado de sus trabajos con varias oficinas de abogados/as. No tenemos la menor duda que fue aquí donde comenzó a desarrollar y pulir sus excelentes destrezas de análisis crítico, comunicación y relaciones interpersonales.

El bagaje intelectual de la Dra. Mendoza Rodríguez comenzó con la obtención de su Bachillerato en Artes en Psicología, Cum Laude, de la Universidad de Puerto Rico, seguido de una Maestría en Ciencias en Psicología Clínica con Distinción de la Universidad Carlos Albizu, donde también culminó sus estudios doctorales en Psicología Clínica (Psy.D.) de la Universidad Carlos Albizu, Recinto de San Juan, con Distinción (G.P.A. de 3.90).

Su compromiso y dedicación por brindar un servicio de calidad y excelencia la llevó a esforzarse para adiestrarse y obtener competencias en las áreas de Abuso Sexual y Violencia Doméstica. Finalizando su etapa de adiestramiento clínico doctoral para agosto 2011 a julio 2012, donde realiza su internado doctoral de psicología clínica en el Sistema de Corrección donde ofreció psicoterapia y evaluaciones psicológicas. Además trabajó con las poblaciones de varones y féminas, recluidos/as por agresiones sexuales y asesinatos, entre otros. En esta etapa final de sus estudios, participé como miembro en su proyecto de disertación llamada: "Manual de Capacitación para Profesionales de la Salud en la Intervención y Manejo de Niños/as o Adolescentes Víctima de Acoso Escolar o "Bullying", que hoy se convierte en una hermosa realidad de ayuda y servicio. Es meritorio destacar, la gran dedicación y disciplina con la que la Dra. María Milagros Mendoza Rodríguez se esforzó y trabajó para terminar esta disertación con excelencia y calidad, y también su responsabilidad, su sentido de humildad y disciplina al dejarse guiar por este servidor cuando le estimuló, reforzó y promovió a trascender con su trabajo doctoral a otros foros profesionales.

Precisamente este trabajo fue sometido a tres congresos nacionales en la: 1) Segunda Jornada Anual de Desarrollo y Bienestar Juvenil: Logrando una Convivencia Escolar de Paz a llevarse a cabo en el mes de octubre 2012 en "San Juan, Puerto Rico"; 2) 59 Convención Anual de Psicología en Puerto Rico del 15 al 17 de Noviembre del 2012, en Gran Meliá Golf Resort, Río Grande, Puerto Rico; y 3) Primera Convención Nacional Anual sobre la Violencia del 3 al 5 de octubre en San Juan Puerto Rico Hotel Sheraton Centro de Convenciones; donde cabe destacar que en este último, este trabajo fue aceptado como ponencia para ser presentada en ésta magna convención nacional.

No podemos dejar de mencionar, su notorio gran sentido de responsabilidad y compromiso para la Psicología como Ciencia, Disciplina y Profesión. Como estudiante, se destacó por su capacidad para análisis crítico, imparcialidad, su sentido de cooperación y compañerismo, y su gran capacidad para la comunicación y el establecimiento de excelentes relaciones interpersonales tanto con sus compañeros/as, como con sus superiores. La Dra. María Milagros Mendoza Rodríguez siempre demostró una gran calidad como ser humano y como futuro profesional de la salud. Personalmente como mentor y profesor siempre estuve seguro que su excelente desempeño académico y clínico sería el norte que la llevaría a cumplir exitosamente con sus metas profesionales.

Es este haber se evidencia, su deseo incansable y su afán de mejorar su calidad de vida de los que sufren, mejorando los servicios directos que se le brinde a estos/as; principalmente a los/as niños/as o adolescentes que hoy sufren o experimentan en acoso escolar o "bullying". Precisamente desarrollando un Manual que sirva de guía valida y viable para capacitar a todos/as aquellos/as profesionales de salud que intervienen y brindan servicio a estas poblaciones. Por eso hoy su gran satisfacción es presentarles otro de sus logros, este Manual con el que espera sea de enriquecimiento a los/as profesionales de la salud que lo adquieran y den bálsamo a los/as niños/as y adolescentes cuyos/as profesionales le impacten positivamente mejorando su calidad de vida como resultado de la adquisición de nuevos conocimientos, destrezas y competencias obtenidas por medio de este Manual. Cabe señalar, que el mismo lo ha escrito fundamentado y, utilizando la estrategia de la psico-educación, de una manera que el contenido se presenta de una forma sencilla y práctica, permitiendo que las enseñanzas y el proceso de aprendizaje fluyan normal y naturalmente.

Hoy los/as profesionales de la salud y todo aquel/lla que interviene con niños/as y adolescentes que sufren o experimentan acoso escolar o "bullying", claro, con aquellos/as que potencialmente podrían ser impactados/as por este mal, tienen en este Manual una estrategia práctica que pueden disfrutar y tornar para su práctica en una herramienta terapéutica para mejorar la calidad de vida de estos seres humanos. Esta obra como está elaborada intenta de una forma eficiente, efectiva y eficaz llevar al/la lector/a ha capacitarlo/as para que utilice esta guía como una alternativa válida y viable de intervención efectiva. De igual forma, estoy seguro que este Manual además de orientar y educar, ayuda también y habrá de mejorar la calidad de los servicios que se brindan a estos/as niños/as y adolescentes, mejorando también igualmente su calidad de vida: una de las mayores contribuciones de este admirable trabajo.

Sin más preámbulos, les invito adentrarse en este viaje del conocimiento, donde el aprendizaje estará presente través de un enfoque práctico y focalizando en lo esencial. Esta es otra de las grandes aportaciones de la Dra. María Milagros Mendoza a las áreas de la salud escolar, a la educación y a la psicología puertorriqueña, toda vez que estamos seguros que este manual permitirá a los/as profesionales de la salud poseer una excelente guía y referencia para su ejercicio clínico.

Agradezco inmensamente a la Dra. María Milagros Mendoza Rodríguez que me haya seleccionado para conjuntamente ver la creación y desarrollo de esta obra valiosa, así como el poder revisar, corregir, recomendar; pero sobre todo por el honor de permitirme como su mentor, el redactarle este prólogo. Estoy seguro que este Manual hará justicia a su propósito, pero sobre todo resultará en beneficio de la comunidad de profesionales y de la sociedad puertorriqueña. También quiero destacar que me siento muy orgulloso de ella y sin temor a equivocarme puedo decirle que este Manual será un éxito, porque como resultado de su uso se impacta y mejora la calidad de vida de las personas que sufren y experimentan el acoso escolar o "bullying". Más aún es una herramienta efectiva de prevención de este mal porque capacitar es la primera de las tareas para lograr la prevención.

Felicito enteramente a la Dra. María Milagros Mendoza Rodríguez, porque por medio de tu Manual impactará la vida de muchos/as seres humanos. Es por medio de esta obra que no sólo encontrarás evidenciado el propósito y significado a tu vida, sino que esta obra también te colmará de satisfacción al saber y experimentar que mediante ella puedes brindar una nueva oportunidad de vida a unos/as y servir de guía a otros/as. Lo más importante es que ambos así mismos experimentarán satisfacción con el lograr cumplir con su propósito de vida, aprenderán a brindar un mejor servicio; un servicio de calidad y excelencia. Sabes que incondicionalmente estoy a tu disposición para continuar junto a ti María colaborando como profesional y ser humano a continuar sirviendo y ayudando en este gran propósito de mejorar la calidad de vida de los seres humanos: actividad que me apasiona.

Querida colega y amiga, que Dios siempre permita que continúes impactando y enriqueciendo sabiamente la vida de otros seres humanos, y para ello te colme de mucha salud, prosperidad y abundancia de vida: años para continuar trabajando en beneficio del bienestar y salud tanto física, mental, emocional y psicológica de la humanidad. Eternas bendiciones para tu familia, allegados y amigos/as y a ustedes estimados/as lectores/as, de igual forma, deseo que Dios les continúe bendiciendo hoy y siempre. ¡Un fuerte abrazo y disfruten de esta nueva experiencia de conocimiento y sabiduría, les aseguro que impactará positivamente sus vidas!

Cordialmente;

Dr. Jaime Veray Alicea
Psicólogo y Facultad de la Universidad Carlos Albizu

UNIDAD I

CARACTERÍSTICAS, IMPACTO EMOCIONAL, PSICOLÓGICO Y SOCIAL DE LA CONDUCTA DE ACOSO ESCOLAR

Capítulo I: Conceptos Fundamentales

Objetivos:

-Presentar conceptos y teorías básicas que dan trasfondo al acoso escolar

-Mostrar datos estadísticos

-Leyes aplicables

Capítulo I

Conceptos Fundamentales

Hoy en día, el acoso escolar es una conducta muy frecuente que está afectando a los planteles escolares en el día a día. Se considera como incorrecta, dolorosa y destructiva en las relaciones interpersonales. Esta conducta es responsabilidad de todos. Esta situación del "bullying" o acoso escolar hace que el ambiente en las escuelas sea de miedo o terror, lo ven como un lugar donde los niños se sienten inseguros y donde el personal escolar tiene poco control, (Craig, & Pepler, 2007).

Violencia

La Organización Mundial de Salud (citada en Aluede, 2011) definió violencia, como la intención de utilizar la fuerza o el poder, en contra de una persona, uno mismo o un grupo de la comunidad que resulte o pueda resultar en daño físico o psicológico, muerte, desarrollo desadaptativo o deprivación. Es cualquier acto donde el individuo sienta temor o se sienta intimidado de poder ser vandalizado, asaltado o robado por otra persona.

Agresión

Los seres humanos agredimos cuando experimentamos algún evento que nos haya ocasionado dolor. Myers (2005) definió agresión, como el comportamiento (acto) físico o verbal que tiene el propósito de lastimar a alguien. Existen dos tipos de agresión: la hostil que surge de la ira y cuya meta es dañar; y el segundo tipo, es la agresión instrumental, que pretende lastimar como medio para conseguir otro fin.

Gómez, Lupiani, Bernalte, Miret, Lupiani y Barrero (2007) aclaran que agresión es el acto, violencia es la acción y agresividad es una tendencia del ser humano.

Conflicto Escolar

Los estudiosos llaman el conflicto escolar como un evento aislado que ocurre de forma accidental, que no necesariamente tiene la intensión de dañar, sino que es un conflicto entre iguales (con fuerza o poder parecido). Esta situación se debe manejar, "siguiendo los pasos de solución de conflictos", ya que no hay un patrón y cuando se soluciona adecuadamente deja un aprendizaje positivo, (Rodríguez-Morales, s.f.).

Acoso Escolar

La violencia escolar es cuando son conflictos ocasionales, poco frecuentes. En caso de conflictos frecuentes se emplea la fuerza física o mental. Estos pueden ser hechos aislados de violencia entre escolares. No van necesariamente dirigidos a dañar. El acoso escolar se puede definir como una forma de violencia específica, donde hay desequilibrio. También puede verse como persistencia entre víctima y acosador, (Mendoza, 2012).

Historia

El interés en el tema comienza en el 1970 en Noruega, cuando tres niños entre las edades de 10 a 13 años, cometieron suicidio por haber sido víctimas de acoso escolar. Esto llamó tanto la atención a los estudiosos de la salud, como Dan Olweus quien fue el primero en estudiar este tipo de casos de jóvenes escolares. El primer estudio, fue en Noruega y Suecia, sobre acoso escolar, donde se evidenció que el 15% estaban involucrados en la conducta, 7% eran víctimas, 9% se comportaban como agresores y el 25% tenían temor a la conducta, (Korakidi et al., 2009). El Dr. Olweus ha escrito varios libros y su mayor creación ha sido La Violencia Escolar, que ha sido traducido a más de 20 idiomas.

Estadísticas

En Estados Unidos se ha encontrado, según Varela Torres y Lecannelier Acevedo (2008), que:

- Uno de cada cinco estudiantes experimentan acoso escolar.

- El 10% de los niños son víctimas, en especial los varones.

- Los varones son entre 3 a 4 veces más violentos físicamente.

- Entre los 6 a 7 años se comienzan a identificar las conductas y llegan al tope de 10 a 13 años de edad; pero disminuye en la adolescencia.

- Se han encontrado conductas de intimidación física desde la edad prescolar.

- El 8% de los estudiantes han perdido por lo menos 1 día de clases al mes.

- Un niño es agredido cada 7 minutos en el patio de la escuela.

- Uno de cada 5 estudiantes son agresores en algún momento.

- En el 85% de los casos no tiene intervención alguna.

- Las agresiones verbales y sociales, suelen ocurrir mayormente en el salón de clases y las de tipo físico en lugares abiertos, donde no hay o existe supervisión de un adulto.

Este estudio reflejó que las peleas físicas parecen ser más comunes en estudiantes de escuela superior afro-americanos con un 39.7% y en hispanos en un 36.1%. Por otro lado, se ha encontrado como una característica o incidencia en blancos de un 30.5%, (Carlyle, & Steinman, 2007).

El "bullying", se podría presentar por la orientación sexual de los niños o jóvenes. Por lo tanto, estar en mayor riesgo de agresiones físicas por su preferencia sexual. Se estima que uno de cada tres estudiantes identificados como homosexuales, lesbianas, bisexuales o transgénero [GLBT], son hostigados por su orientación sexual, (Hazelden Foundation, 2011).

En Italia existe una incidencia de 7.1%, en Canadá de 6.1%, en Suiza el 10%, en el Reino Unido el 39.8%, en Noruega el 15% y en Alemania el 10% de niños que se consideran víctimas, (Randy Sansone, & Lori Sansone, 2008).

El 25% de las féminas y el 11% en varones reportan haber experimentado acoso cibernético, (Snakenborg, Van Acker, & Gable, 2011).

Como hemos visto tanto en Puerto Rico, como en el Mundo, el acoso escolar surge en ocasiones por orientación sexual, por las características físicas, entre otros. En el caso de Puerto Rico, la Policía reportó en el 2008, 1074 incidentes de agresión en las escuelas. En el 2010, el Departamento de Educación, proveyó estadísticas de 1,406 incidentes, de los cuales 758 fueron físicos, (citado en Rivera Nieves, 2011).

Teorías de Agresión

Para explicar mejor el concepto de la agresividad existen múltiples interpretaciones o fundamentos teóricos, algunos de los cuales expone Myers, (2005), a continuación:

- Una de las primeras teorías, la postuló Sigmund Freud. En su teoría planteó que la agresividad humana surge de un impulso autodestructivo y si no se descarga se acumula, hasta explotar.
- Los psicólogos evolutivos, entienden que la agresividad es adaptativa, que sirve para defenderse de ataques o para intimidar, entre otras conductas.
- Adriane Raine planteó, que existen estructuras en el sistema nervioso que facilitan la agresión, al activarse o desactivarse ciertas áreas del cerebro aumenta o disminuye la hostilidad.
- Algunos estudiosos entienden que la herencia tiene un rol de sensibilizar el sistema nervioso, por lo que, se han planteado diversas teorías del temperamento. Kagan entiende que parte de nuestro temperamento viene acompañado en el nacimiento. Por lo que, un niño temperamental puede continuar con su conducta hasta la adolescencia.
- Dabbs ha correlacionado igualmente con la conducta, a la hormona masculina, testosterona.
- La Teoría de Frustración-Agresión de Dollars & colaboradores, expone que la frustración te prepara para la agresión. Definen frustración como el impedimento que tenemos para poder alcanzar una meta. En ocasiones, deseamos un objetivo, estamos motivados, pero aumenta la frustración y entonces la desplazamos o redirigimos a la agresión, algo más seguro o aceptado socialmente. Esta agresión puede estar dirigida a un familiar u objeto, entre otras cosas.
- La Teoría de Aprendizaje Social de Albert Bandura, expone que podemos actuar de forma agresiva si el modelo es significativo y de acuerdo a la recompensa que éste reciba. Si entendemos que la recompensa es "buena", la conducta tiene mayor probabilidad de repetirse. En otras palabras los seres humanos actuamos por observación e imitación, basada en recompensas y castigos.

Entre otras teorías, mencionamos las siguientes:

- La Teoría Coerciva, entiende que los problemas que atraviesan los padres y la forma en que estos lo solucionan, proveen adiestramiento para la conducta que muestran los niños. En ocasiones, los niños pueden evitar o escapar de situaciones, de acuerdo con lo que han aprendido de sus padres, (Mash, & Wolfe, 2007).

- La Teoría de Apego de Bowlby, expone que actuamos de acuerdo con la calidad de apego que hayamos experimentado con los cuidadores primarios, (Mash, & Wolfe, 2007); ya que esta relación es significativa en la vida de los niños y les brinda la base para los valores, creencias y estándares de vida. Por consiguiente, como se haya formado ese apego, se formará los valores de los seres humanos.

- Las conductas agresivas pueden presentarse por factores genéticos que predisponen estas conductas, valores familiares antisociales, pobre supervisión o monitoreo, rechazo de los pares, pobre desempeño escolar, vecindarios pobres o culturas que apoyen la agresividad, (Sattler, & Hoge, 2008). Se ha visto en la literatura que los niños con problemas de conducta pudieran tener déficits cognitivos o verbales, problemas de aprendizaje, baja autoestima, dificultades con los pares, déficits en como piensan sobre las situaciones sociales, problemas familiares o de salud, uso de drogas, entre otros, (Garaigordobil, & Oñederra, 2010).

No debemos descartar que recibimos grandes influencias de nuestro medioambiente, como el televisor, los videojuegos, los pares entre otros; las cuales, nos pueden llevar a percepciones distorsionadas de la realidad, (Myers, 2005).

Ley del Silencio

En la conducta de acoso escolar, participan varias partes, pero en ocasiones se guarda silencio por temor a represalias o por percibir el problema como ajeno, donde no se debe participar, (Mendoza, 2012).

Leyes en el Mundo

La Asamblea Mundial de Salud #49 en el 1996 expuso que la violencia es un problema mundial, (Rivera Nieves, 2011). Al momento varios estados de Estados Unidos, han adaptado legislaciones en contra del acoso escolar, al 2011 solamente cuatro estados no lo habían implementado, Hawaii, Michigan, Montana y Dakota del Sur, (Departamento de Educación de Estados Unidos, 2011).

Algunas modalidades hoy día como en este caso, el acoso cibernético, podrían considerarse violaciones u ofensas cubiertas en la legislación civil, entre otras: invasión a la privacidad, difamación que pueda dañar la reputación de la otra persona, invasión de los derechos personales e infligir intencionalmente en conflictos emocionales, (Snakenborg, Van Acker, & Gable, 2011).

Leyes en Puerto Rico

Ley número 49. El 29 de abril de 2008, el Senado de Puerto Rico, realizó una política sobre la convivencia escolar y aprobó **la Ley número 49**, que enmienda el artículo 3.08 y añade los artículos 3.08a., 3.08b., 3.08c., 3.08d., y 3.08e. al Capítulo III de la Ley 149 del 1999, según enmendada, conocida como "Ley Orgánica del Departamento de Educación de Puerto Rico". Esta ley prohíbe actos de intimidación u hostigamiento, relacionado a conductas de acoso escolar "bullying" entre los estudiantes de las escuelas públicas. En dicha ley se exponen códigos de conducta para los estudiantes, la forma de presentar informes sobre incidentes, la organización de talleres o programas sobre "bullying" y la obligación del Departamento de Educación a someter un informe anual sobre los incidentes de hostigamiento e intimidación ("bullying") ocurridos en las escuelas públicas, (Ley Orgánica del Departamento de Educación de Puerto Rico del 2008).

Ley número 37. El 10 de abril de 2008, el Senado de Puerto Rico, aprobó la **Ley número 37** para enmendar los incisos (2) y (3); añadir el inciso (4) y redesignar el actual inciso (4) como (5) en el Artículo 16 de la Ley Número 148 de 1999, conocida como "Ley del Consejo General de Educación de Puerto Rico de 1999", a fin de sujetar la renovación o expedición de licencias de operar escuelas privadas de nivel prescolar, elemental, secundario, vocacional, técnico y de altas destrezas a que evidencien que cuentan con políticas y protocolos definidos, concretos y ejecutables en contra del hostigamiento e intimidación ("bullying") entre estudiantes. En esta ley se detalla que se debe designar un comité a cargo de monitorear el protocolo que se establezca, el cual debe incluir: componentes educativos y de concientizar a todo individuo relacionado con el ámbito escolar, para así obtener respuestas inmediatas o disciplinarias y recursos de apoyo a nivel profesional, (Ley del Consejo General de Educación de Puerto Rico del 1999).

Capítulo II
Conducta de Acoso Escolar

Objetivos:

-Definición aceptada de acoso escolar

-Tipos de acoso escolar

-Triada y círculo en el acoso escolar

-Partes involucradas y su función en la triada del acoso escolar

Capítulo II

Conducta de Acoso Escolar

Cuando hablamos de la palabra "bullying", es una palabra derivada. Proviene de la palabra "bully", que a su vez se deriva de la palabra en inglés "bull" o sea toro; lo que implica que el "bully" es una persona con mayor fuerza que agrede a otros más débiles o pequeños, (Varela Torres, & Lecannelier Acevedo, 2008).

Definición de Acoso Escolar de Dan Olweus

Olweus (1993, 1997, 2011; Olweus, & Limber, 2010), define el "bullying" o victimización, como la exposición, repetida y a través del tiempo de acciones negativas por parte de uno o varios estudiantes. *"Acciones negativas"* son la forma intencionada en que se causa daño, se hiere e incomoda a otra persona. Podrían ser burlas, pellizcos, empujones, amenazas, entre otras.

Olweus (1993, 1997, 2011; Olweus, & Limber, 2010) entiende que deben haber tres criterios, para que se clasifique la conducta como acoso escolar:

1. Asimetría o desbalance de poder ya sea por desbalance físico, edad, mayores contactos en las redes sociales de la escuela u otra característica particular.
2. Uso premeditado o intencional de la violencia para establecer asimetría de poder.
3. Debe ser de modo repetido a través de tiempo. Algunos autores indican que en ocasiones es el efecto negativo del evento, más que la repetición en sí misma, (Valera Torres, & Lecannelier Acevedo, 2008).

Modalidades de Acoso Escolar

Según los psicólogos existen variantes en las modalidades de acoso escolar, (Rivera Nieves, 2011; Valera Torres, & Lecannelier Acevedo, 2008; Snakenborn, Van Acker, & Gable, 2011). Modalidades, tales como las siguientes:

- *Físico* – empujones, puños, patadas o golpes con objetos y es el más utilizado por los varones.
- *Verbal* – insultos, menosprecios, malos nombres, etc. Es el tipo más habitual y el mayor utilizado por las féminas.
- *Psicológico* – dañar la autoestima del individuo, llevándolo a experimentar temor o inseguridad.
- *Social* – aislar a la víctima del grupo, mediante chismes, rumores o pedir abiertamente a los pares que ignoren o excluyan a la víctima.
- *Cibernética* – es el hostigar, intimidar o ridiculizar vía Internet ya sea por correos electrónicos, mensajes instantáneos o digitales, "blogs", entre otros.

Triada en el Acoso Escolar

En la conducta de acoso escolar se involucran e interactúan entre sí, tres partes:

Agresor, "Bully" o Bravucón. Son las personas que intimidan y acosan porque tienen la necesidad de poder o control y lo disfrutan. Obtienen además, beneficios de sus actos, ya sea psicológico u obteniendo dinero y otras cosas de valor físico o moral, (Kaloyirou, & Lindsay, 2008). Por lo regular, no muestran arrepentimiento de su conducta, no tienen empatía, tienden a engañar, manipular o interpretar las acciones o reacciones de sus pares en términos negativos y les satisface el dolor del otro, (Valera Torres, & Lecannelier Acevedo, 2008). Podemos ver conductas de fumar, utilizar alcohol, robar, vandalizar, pelear frecuentemente, cargar armas y a modo general crear un clima negativo, (Povedano, Hendry, Ramos, & Valera, 2011). En el caso de los varones, es más común, que estén implicados en conductas más agresivas o violentas, que las féminas, (Povedano et al., 2011). Hay que tener presente que no todos los agresores rompen reglas o no realizan tareas, porque algunos tienen altas destrezas sociales y se integran bien al ámbito escolar, en especial las niñas, (Cenkseven, & Yurtal, 2008). Algunos de estos jóvenes, pueden tener fortalezas físicas, combinadas con otras características agresivas e igualmente esto puede llevarlos a un gran nivel de popularidad y algunos son mayores en edad o están en grados más altos que sus víctimas, (Cenkseven, & Yurtal, 2008). Otros presentan conductas desafiantes, mal genio e impulsividad, (Hazelden Foundation, 2011). Así mismo, existen diferentes tipos, el que es líder, el que inicia la conducta y los seguidores, son quienes tienen un rol activo, (Olweus 1993, 1997, 2011; Olweus, & Limber, 2010).

Víctima. Estos son los niños ridiculizados, denigrados, insultados, carecen de destrezas de seguridad, relaciones interpersonales, han sido amenazados, objetos de burla, molestados, golpeados, entre otros, (Mendoza, 2012). Suelen caracterizarse por falta de estrategias de enfrentamiento, pocas relaciones sociales o pocos amigos. Por otro lado, pueden estar en el rango bajo de popularidad en la escuela, pueden provenir de familias sobreprotectoras, estar solos en recreos, al parecer se entiende que no tienen amigos. Procuran quedarse cerca de los adultos en el recreo o tiempo libre. En el salón, poseen una actitud que casi no hablan, se muestran inseguros, etc., (Valera Torres, & Lecannelier Acevedo, 2008).

En ocasiones, son niños con discapacidades físicas, (Holmquist, 2011), féminas con autoestima baja, (Povedano et al 2011) o tal vez niños tímidos o inseguros, (SAMHSA,

2004). Podrían ser niños o jóvenes débiles físicamente, combinado con reacciones ansiosas y poca popularidad, (Cerezo & Ato, 2010). Por lo tanto, pudieran ser víctimas provocadoras (víctimas-agresores) que tienen mal genio, intentan pelear, pero son ineficaces, pueden ser hiperactivos, inquietos o inmaduros, impulsivos, experimentan baja aceptación social, son rechazados, entre otros, (SAMHSA, 2004).

Testigos, Espectadores u Observadores. Estos son los niños que fomentan o inhiben el maltrato que presencian, pueden asistir, reforzar o defender a las víctimas o la conducta, (Valera Torres, & Lecannelier Acevedo, 2008). Pueden tomar el rol de agresores pasivos, seguidores o secuaces. Pueden estar en riesgo de sufrir temor, culpa por no actuar e incluso sentirse cómplices, (Fast Facts, 2011).

A modo general, estos jóvenes están en la encrucijada de si apoyan a la víctima, pues se pueden convertir en el blanco y si deciden permanecer en silencio, se tienden a sentir culpables, (Lawrence & Adams, 2006). Existen tres tipos de observadores: el desconectado, que no se involucra ni asume posiciones; el posible defensor, que piensa que puede hacer algo y finalmente, los defensores, que no les gusta el acoso e intentan ayudar a la víctima, (Rivers & Noret, 2010).

Círculo de Victimización o Proceso de Intimidación

Se ha encontrado que en el acoso escolar se produce un círculo de victimización, donde el agresor se va fortaleciendo de poder o popularidad y la víctima se siente cada vez más desamparada y sin poder, (Valera Torres & Lecannelier Acevedo, 2008). El poder es utilizado para dominar ya sea por fuerza física, tamaño, rol social dominante, estatus social u otros. Ese poder puede surgir o despertar al conocer la vulnerabilidad o debilidad de la víctima; la cual puede ser obesidad, problemas de aprendizaje, orientación sexual o trasfondo familiar, (Craig, & Pepler, 2007). Mientras que el agresor aumenta su poder con cada evento, la víctima disminuye o pierde poder.

Círculo de Acoso Escolar

El círculo, son todas las partes involucradas en la conducta, (Lavilla Cerdán, 2011).

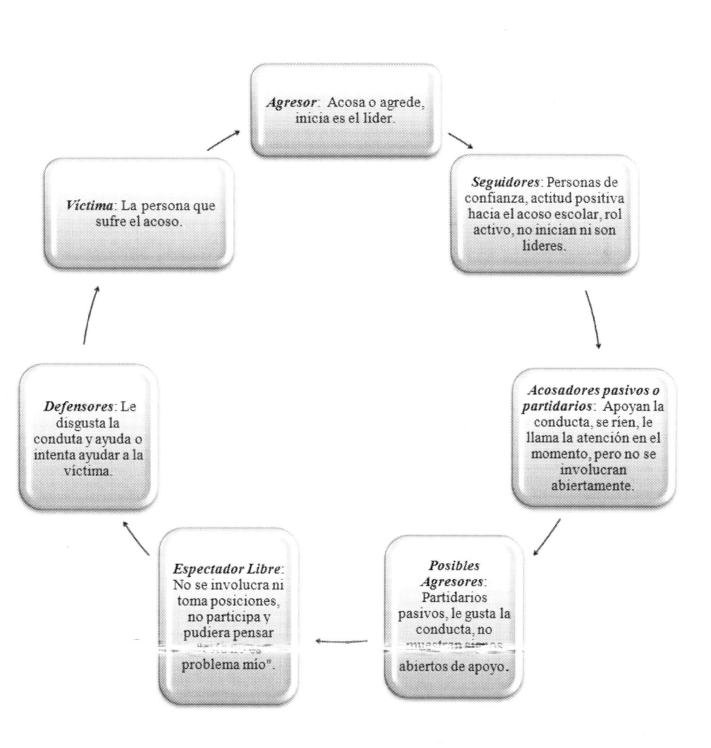

Tácticas Directas e Indirectas

Son aquellas tácticas que ayudan a tener control sobre las víctimas. Las directas son: los golpes, patadas, robos, armas, empujones, etc., estas son mayormente utilizadas por los varones. Las indirectas son: el acoso verbal, llamar con sobre nombres, mofas, esparcir rumores, etc., mayormente las utilizan las féminas y en ocasiones se utilizan como ataques por la raza o etnia, (Lavilla Cerdán, 2011).

Rol de la Escuela

Lamentablemente, la escuela es el escenario principal del acoso escolar, porque es donde hay mayor interacción con pares y donde están los niños la mayor parte del tiempo, (Craig, & Pepler, 2007). De acuerdo con el tipo de intervención de la escuela, será el impacto de la conducta. En ocasiones, no hay supervisión adecuada, lo que tendría una implicación directa en la conducta y puede proveer el espacio para que se presente con mayor frecuencia o evitar que se muestre con frecuencia e intensidad, (Waasdorp, Bradshaw, & Duong, 2011).

Rol de los Maestros

Los maestros son influyentes y depende de como tomen los incidentes será el impacto en la escuela; pudieran ser de ayuda, supervisión o hasta minimizar la conducta. Se ha encontrado que en el ambiente escolar se evidencia una carencia de destrezas de manejo adecuadas por parte de los maestros ante conductas de acoso escolar, que como consecuencia no aportan o benefician a que cese a diario este patrón mal adaptativo de relaciones entre pares, (Waasdorp, Bradshaw, & Duong, 2011).

Rol de los Padres, Madres y/o Cuidadores

Los padres son los que refuerzan o modelan conductas o destrezas, además ayudan a tomar decisiones en el ámbito escolar y son significativos en el desarrollo o mantenimiento de la conducta, (Fried, & Fried, según citado en Long, & Alexandre, 2010). De esta forma, a su vez, sirven de apoyo, guía, consejo o pueden hasta apoyar en la victimización. Ellos deberían involucrarse en el proceso de toma de decisiones en el ámbito escolar. Son de gran impacto en la respuesta a la experiencia de "bullying", depende de cómo los niños perciben el ambiente en su escuela y hogar, será la forma de responder ante el problema, (Waasdorp, Bradshaw, & Duong, 2011).

Rol de los Pares

Los pares pueden ser constructivos cuando apoyan y defienden o destructivos cuando continúan la victimización, (Holmquist, 2011).

Capítulo III
Teorías de Acoso
Escolar

Objetivos:

-Presentar y describir aspectos relevantes en la presencia de la conducta

-Explicar las teorías de la conducta de acoso escolar presentadas en la literatura

Capítulo III

Teorías del Acoso Escolar

Aspectos Generales

El acoso escolar puede tener múltiples causas y en cada caso existen circunstancias diferentes. Existen diversos factores como: vecindarios peligrosos, inestabilidad familiar, carencia de supervisión, características personales como ser obesos o tener aparatos dentales, entre otros, atravesar por otros tipos de victimización como violencia familiar, maltrato infantil o ser víctima indirecta de violencia doméstica, (Craig, & Pepler, 2007).

La visión sexista y cultural pudiera ser otro factor, donde se muestra el hombre como fuerte o agresivo y la mujer como débil. El hombre en general, es visto como una persona agresiva, independiente, activa socialmente y otras características que llevan a la agresividad o la violencia. El varón es socializado para no poder llorar, (Lomas, 2007).

Por otro lado, la mujer es vista y socializada como una persona con menos características físicas, menos activa, con menor poder o rasgos violentos, como una persona calculadora. También, con capacidades más directamente relacionadas a nivel cerebral y afectivo. Las normas sociales ayudan a tener estatus y autoridad en el patriarcado, (Hernández, 2009).

Influyen como otros factores que propician la conducta de acoso escolar, la pobre supervisión escolar y/o de los padres. Algunos de estos factores, no necesariamente son de impacto por el nivel cognitivo del niño, (Hernández, 2009).

Estas circunstancias de vida pueden llevar a problemas emocionales que crean desajustes o desregulación emocional. Podemos ver un pobre ajuste social en el ámbito escolar o hasta sentirse victimizado, (Holt, Finkelhor & Kaufman, 2007).

Se han señalado diversas teorías de acoso escolar, donde se ha tratado de explicar por qué razones los niños son víctima o agresores; en este capítulo se exponen las mencionadas en la literatura frecuentemente.

Teoría de la Relación Madre-Infante

Plantea que si el niño es aislado de las interacciones sociales, la relación social no va a ser "normal", porque no posee lo necesario para interactuar. Por ende, los niños muestran conflicto con los pares, conductas inapropiadas, como tener destrezas inadecuadas de resolver conflictos sociales, ya que, no fueron desarrolladas de forma apropiada, (SAMHSA, 2004).

Hipótesis de la Víctima

Se afirma que los agresores son atraídos por las conductas ansiosas de otros niños, o sea que son atraídos por comportamientos que hacen a las víctimas vulnerables, (SAMHSA, 2004).

Hipótesis de la Diferencia

Se atribuye el acoso escolar a características o atributos particulares del niño, como pudieran ser obesidad, impedimentos visuales, aparatos bucales, destrezas motoras pobres, incapacidades de aprendizaje, orientación sexual, etc., (SAMHSA, 2004).

Teoría de Identidad Social

Esta teoría manifiesta que la identidad social moldea el ambiente escolar y la interacción con éste, incluyendo a los pares. Si existe una identificación con la escuela que es fuerte, entonces puede marcar una referencia positiva con el estudiante. Por otro lado, si la identificación es negativa, el ambiente de referencia para el niño es negativo, (Cassidy, 2009).

Teoría de la Vergüenza a la Reintegración

Hemos encontrado que algunos agresores están avergonzados de su conducta, aunque no lo reconocen conscientemente. Al sentirse de esta forma, puede ser una barrera para identificarse de forma positiva con la escuela. Sentimiento que puede llevarlos a aprender formas adaptativas o mal adaptativas para manejar la vergüenza. Si no saben hacerlo, su vergüenza se convierte en coraje, separándolos de sus pares y de identificarse positivamente con la escuela, (SAMHSA, 2004).

Teoría de Poder-Control

Todos hemos visto como la mujer en forma excesiva, es socializada y supervisada de forma cercana por los hombres. El poder depende de la clase social o situación familiar y el control, se afecta por las relaciones entre parejas que determinan el patriarcado o modelos de familia. Por lo tanto, esta situación podría llevar a que haya luchas de poder y sus repercusiones en actos desviados de conducta, (Hernández, 2009).

Perspectiva Interaccional-Social o Social-Ecológica

Entendemos que el grupo de pares u otros factores, influyen en el acoso escolar. Estas conductas pueden ser el resultado de interacciones complejas entre características internas personales. Tales como: la impulsividad, el ambiente social, actitudes o conductas del sistema social o los pares, entre otras, (SAMHSA, 2004).

Perspectiva del Estrés

Cuando el niño experimenta estrés, como por ejemplo en la transición entre escuelas, lo lleva a experimentar necesidad de establecerse e implementar una estructura social nueva de forma rápida. Esta nueva estructura pudiera ser agresiva o pasiva, (SAMHSA, 2004).

Teoría del Aprendizaje Social

Los niños y jóvenes, como todos sabemos, aprenden conductas de los que están a su alrededor. Algunas de estas conductas no son apropiadas, pero son aprendidas e internalizadas como métodos para identificarse con un grupo y así tener poder. Para que esta conducta sea modelada, el sujeto debe ser una figura poderosa. Además, el modelo que reciba mayores recompensas que castigos por su conducta e intercambie ciertas características con el niño, será modelado con mayor probabilidad.

Para nuestro pesar, en ocasiones, el agresor no recibe consecuencias negativas por su conducta, sino que es reforzado por otros, que se involucran, observan o se mantienen en silencio, (SAMHSA, 2004).

El individuo adquiere su conducta por observación o experiencia directa. Ya sea, por influencia familiar o modelaje simbólico o debido a la televisión u otro medio similar. Además, que se adquieren conductas por ensayo y error; más que nada a los refuerzos que se tengan por la conducta ya sea positiva o negativa. Por lo que, si la conducta violenta tiene consecuencias que entiende el individuo le satisfacen, la continúa realizando. De esta manera, ahora en la medida en que se altere el efecto de la conducta, ésta puede ser modificada, (SAMHSA, 2004).

Teoría de Sistemas

Esta teoría manifiesta que el ser humano es un sistema y que a su vez se forma por varios subsistemas, que se unen para formar el comportamiento del individuo. Estos interactúan y se relacionan entre sí, para formar un todo, lo que es más que la suma de las partes. Como sistemas podemos entender, que son sistemas humanos como los grupos, organizaciones, comunidades, familias, individuo y sociedad. Por lo tanto, que lo que ocurra en uno de los sistemas, impacta a los demás. Si ocurre algo con el maestro, impacta todo lo que se relacione con la escuela, entiéndase con el personal, los estudiantes o los padres, (Rivera Nieves, 2011).

Modelo Sistémico Ecológico

Este modelo expone la importancia de observar al niño y a las personas que influyen en su desarrollo con todos sus ambientes. Toma en consideración la forma que su entorno, familia, escuela, amigos, medios de comunicación, cultura intercambian experiencias, emociones, valores, etc.

Este entiende que hay cuatro sistemas que explican la conducta. Estos son: el microsistema, que son las personas que de forma inmediata afectan al individuo, como la familia o escuela; el mesosistema, que es la inter-relación con cada sistema en los que la persona interactúa, como son familia o escuela; el exosistema, que son los escenarios con los cuales no se tiene interacción directa, tales como políticas del Departamento de Educación y el macrosistema, que son los valores o creencias de las organizaciones que representan la ideología o estructura de los otros tres sistemas, como Leyes públicas. Formando finalmente la forma en el que el niño se conduce e interactúa con su medioambiente, (Brofenbrenner, citado en Rivera Nieves, 2011).

Factores en la Presencia del Acoso Escolar

Olweus (1993, 1997, 2011; Olweus, & Limber, 2010) en sus escritos, plantea que hay cuatro factores importantes que se han encontrado en diversas investigaciones y que impactan la presencia del acoso escolar. Estos son:

- Actitud emotiva básica de los padres a los niños en sus primeros años, que pudiera ser carencia de afecto o dedicación o actitud negativa, que incrementa el riesgo de agresividad y hostilidad.
- El grado de permisividad ante conductas agresivas, la falta de límites claros que aumentan las conductas agresivas.
- Los métodos empleados por los padres para ejercer autoridad, castigo físico o exabruptos emocionales violentos.
- El temperamento del niño, un niño activo o exaltado puede estar más propenso a ser un joven agresivo; en contraste con un niño tranquilo.

Hipótesis de los "Dos Mundos Sociales"

Farmer, Petrin, Robertson, Fraser, Hall, Day y Dadisman (2010), plantean una posición distinta a la tradicional. Postulan que algunos jóvenes tienen destrezas sociales limitadas y son rechazados por sus pares, por ende, tienen que irse con grupos de pares socialmente desviados en la adolescencia.

Postulan que existen dos grupos diferentes de niños agresivos. Por un lado, está el niño agresivo que es considerado como el agresor en el acoso escolar, éste es influyente, líder y miembro social de las redes sociales importante en su grupo de pares. Estos tienen destrezas pro-sociales y agresivas para controlar, son percibidos como populares por sus pares y maestros. Por otro lado, están los niños agresivos que son considerados como víctimas, los cuales son marginados socialmente, experimentan rechazo constante y son vistos como no populares; a este grupo se consideran como víctimas de acoso escolar, (Farmer et al., 2010).

Bajo Nivel de Inteligencia Emocional

Garaigordobil y Oñederra (2010) realizaron una investigación donde plantearon, que tanto las víctimas como los agresores tienen un bajo nivel de inteligencia emocional. La cual definen como, la capacidad de reconocer los sentimientos propios y ajenos, motivarse y manejar adecuadamente las emociones propias y de las demás personas. En dicha investigación se pudo observar que aquellos adolescentes que recibían conductas sociales positivas, tenían un alto nivel de inteligencia emocional (entiéndase ser flexibles, adaptar el pensamiento ante diversos eventos, aceptarse a sí y los otros y establecer relaciones gratificantes), alto nivel de responsabilidad (planificar objetivos y realizar acciones para ellos), poca suspicacia (poca desconfianza), creencias irracionales mínimas, alto nivel de ilusión (visión simplista y tendencia a evitar lo desagradable) e ingenuidad (pensar que todo el mundo tiene buen corazón). Por otra parte, los niños que habían sido víctimas no tenían, sino que más bien presentaban poca inteligencia emocional, poca emotividad, baja autoestima, niveles bajos de frustración y eficacia y poca motivación a aceptar desafíos, (Garaigordobil, & Oñederra, 2010).

Otros Factores

Los seres humanos podemos ser influidos por factores hereditarios y la violencia en la televisión, video o el cine. Esta situación podría ser extensivo a los videojuegos, periódicos, mensajes del celular e inclusive muñecos animados, (Rivera Nieves, 2011), ya que todos, cada vez, muestran menos empatía hacia las víctimas de agresión.

Tello (citado en Castillo-Rocha, & Pacheco-Espejel, 2008) explica que existe una percepción distorsionada de la violencia que puede convertirse en parte del medioambiente como "normal", es menos la probabilidad de poderla reconocer y se comienza a vivir como algo natural; lo que puede llevar a que la violencia se reproduzca. Debemos tener en mente que la violencia escolar no ocurre como algo aislado, sino que "está en perfecta sintonía con el ambiente social, cultural y mediático con el que se relacionan", (Castillo-Rocha, & Pacheco-Espejel, 2008, p.16).

Capítulo IV:
Impacto Emocional, Psicológico y Social

Objetivos:

-Orientar y educar sobre el impacto en la víctima, el agresor y los observadores

Capítulo IV

Impacto Emocional, Psicológico y Social

En este capítulo se muestran las consecuencias del acoso escolar en cada una de las partes involucradas. Ya que tiene diferentes repercusiones de acuerdo con el rol que tenga cada niño en el círculo de victimización. Tanto las víctimas, como los agresores u observadores reportan problemas internos y externos, y pobres ajustes escolares como resultados de estar involucrados en el "bullying", (Holt, Finkelhor, & Kantos, 2007).

Agresores

Los niños que han manifestado conductas "bullies" pudieran incurrir en el futuro, en conductas anti sociales, uso de sustancias y alcohol, depresión y desórdenes de ansiedad, (Carlyle, & Steinman, 2007). Además, pudieran presentar ideación o pensamientos suicidas, (Craig, & Pepler, 2007), con mayor probabilidad actuarán violentamente y podrían ser convictos de algún crimen en la adultez, además de tener dificultades para culminar la escuela, (Holt, 2007). Son personas que carecen de empatía, auto-control y manejo de coraje apropiado, (Davis, & Nixon, 2011).

Los niños que agreden entienden que el "bullying" es divertido y los entretiene; además, lo ven como parte de su sexualidad, en términos de ser varón o fémina, (Guerra, Williams, & Sadek, 2011). Si la conducta no se detiene pudiera llevar a acoso sexual, agresiones de pareja e incluso extenderse al ámbito escolar, (Craig & Pepler, 2007).

Es importante tener en perspectiva que el "bullying" es un factor de riesgo para conductas ofensivas más tarde en la vida, (Ttofi, Farrington, Lösel, & Loeber, 2011). Esta conducta, puede ser vista como un componente de un modelo de comportamiento antisocial opuesto a las normas.

Un estudio en Estados Unidos realizado por Eron, Huesmann, Dubow, Romanoff y Yarnel (citado en Holt, Finkelhor, & Kaufman, 2007) encontraron que aquellos jóvenes que habían sido identificados como "bullies", tenían la probabilidad de tener un récord criminal a la edad de 30 años.

Espectadores

Aquellos niños que presencian el acoso escolar pueden sentirse impotentes y temerosos de ser víctimas. Estos puede experimentar culpa, vergüenza y pueden entender que gozan de la aprobación social en el grupo de pares, (Caurcel, & Almeida, 2008). En ocasiones pueden ser observadores silenciosos o participantes activos. En términos generales, los espectadores pueden incrementar el ambiente de intimidación o no acoger dicho ambiente, (Heath, Moulton, Dyches, Prater, & Brown, 2011).

Víctimas

Las víctimas de acoso escolar o "bullying", sufren una serie de consecuencias negativas, tales como ansiedad, depresión, soledad, autoestima baja, pudieran presentar una tendencia al consumo de drogas, trastornos psicosomáticos. De esta manera, evitar totalmente el asistir a la escuela y las relaciones sociales e ideas suicidas, (Swahn, Topalli, Ali, Strasser, Ashby, & Meyers, 2011).

Povedano, Hendry, Ramos y Varela (2011) mencionan que la victimización está vinculada al estrés, una valoración negativa de la propia vida, auto concepto general negativo, baja satisfacción de la vida y un alto grado de infelicidad. Las víctimas pudieran llevar el miedo y el dolor en las relaciones de pareja en su vida adulta. Por otro lado, llevar a sus hijos a agredir a otros o ser agredidos por otros. Las víctimas de "bullying" pueden experimentar problemas de salud mental de forma significativa, (Craig, & Pepler, 2007). Presentan retraimiento, aislamiento social, inseguridad, capacidad afectiva y humanista inadecuada, fobia en las relaciones interpersonales, poca persistencia a alcanzar logros, sentimiento de inferioridad, deserción escolar, inmadurez emocional, (Zabarain-Cogollo & Sánchez-Pabón, 2009).

En el ámbito escolar, se presentan bajas calificaciones, muestran coraje, frustración y conductas violentas con el tiempo, (Heath, Moulton, Dyches, Prater, & Brown, 2011). Igualmente pueden ser estigmatizados y victimizados por sus compañeros, (Holt, Finkelhor, & Kaufman, 2007). Los jóvenes podrían presentar episodios de pesadillas, llorar mientras duermen, perder el interés en la escuela y tener bajas calificaciones, cambiar de humor de forma inesperada y así como tener explosiones de coraje de forma repentina, (Olweus, 1993, 1997, 2011; Olweus, & Limber, 2010).

Varios estudios han señalan que el "bullying" tiene consecuencias psicológicas, tales como comprometer el desarrollo social. Un estudio en Korea con estudiantes entre séptimo a octavo grado encontró, que el haber sido víctima puede incrementar el riesgo de problemas sociales, tales como actuar de forma inmadura y a una edad menor a la que tiene la persona, ser sobre dependiente de los adultos y actuar a modo general socialmente inmaduro, que pudiera llevarlo al aislamiento social, (Randy Sansone, & Lori Sansone, 2008).

La experiencia de "bullying" puede desarrollar síntomas internos, como desórdenes alimentarios (bulimia nerviosa o anorexia), preocupación, tristeza, nerviosismo, miedo, desórdenes de ansiedad o depresión que pudieran incluso extenderse hasta la adultez, intentos o ideas suicidas y otros desórdenes mentales múltiples. Además, de estas consecuencias psicológicas pueden desarrollar síntomas psicosomáticos.

En varios estudios que mencionan, Randy Sansone y Lori Sansone (2008), indican que el "bullying" está asociado con repetidos dolores de gargantas, catarros, pobre apetito, varios dolores como: de cabeza, estomacales, abdominales, cuello, hombros o de espalda, mareos, fatiga, problemas para dormir, orinarse en la cama o sentirse cansado. Lo que repercute en incrementar el uso de la medicación e incluso algunos de los síntomas pueden persistir hasta la edad adulta.

Los niños con discapacidades o necesidades especiales, igualmente pueden estar expuestos a sufrir de coraje, resentimiento, miedo, apatía a la escuela, baja autoestima, depresión y notas bajas, entre otros, (Holmquist, 2011).

El "bullying" cibernético puede llevar al niño a estar molesto al utilizar cualquier equipo electrónico, como podría ser ver cualquier mensaje en su celular, utilizar la computadora e incluso evitar estar en línea, (Hazelden Foundation, 2011).

Si la escuela no es un lugar seguro, el niño estará expuesto a sufrir de maltrato con más frecuencia y más formas o modalidades, (entiéndase directo e indirecto), (Waasdorp, Bradshaw, & Duong, 2011). Se ha evidenciado que el poseer alta autoestima es un factor protector en los pre-adolescentes de la victimización de sus pares, (Guerra, Williams, & Sadek, 2011).

UNIDAD II

TRATAMIENTOS, PROGRAMAS Y ESTRATEGIAS DE MANEJO E INTERVENCIÓN CON NIÑOS/AS O ADOLESCENTES VÍCTIMAS DE ACOSO ESCOLAR

Capítulo V: Estrategias de Intervención

Objetivos:

-Orientar y educar en torno a las estrategias y/o tácticas utilizadas con los niños y/o adolescentes

-Orientar y educar sobre los programas utilizados en las escuelas

Capítulo V

Estrategias de Intervención

Los estudiantes necesitan sentirse seguros, libres de miedo, confiados y con buena autoestima para estar motivados totalmente y poder aprender en el ámbito escolar, (Long, & Alexander, 2010).

Existen diversidad de formas o estrategias de intervención contra el "bullying". Estas intervenciones deben implementarse a nivel general en las escuelas, a nivel del salón de clases, en la supervisión en las diversas facetas escolares (tales como en el almuerzo u horas de recreo), a nivel de pares, con los agresores o víctimas e intervenciones familiares que ayuden e involucren a la familia y la comunidad.

Por sí solos los estudiantes utilizan estrategias para manejar los incidentes. Por otra parte, existen y se han implementado otras estrategias que han sido de gran efectividad a nivel escolar e individual.

Tácticas Utilizadas por los Niños y/o Adolescentes

Algunos niños tratan de manejar estos acosos por sí mismo, pero realmente esto no es positivo ni ha resultado. Se debe orientar a los niños y jóvenes para que reporten e intenten buscar ayuda con otros recursos, (Davis, & Nixon, 2011).

Las víctimas de acoso escolar utilizan diversas estrategias para lidiar con el "bullying". Davis y Nixon (2011), encontraron que algunos niños utilizaban con mayor frecuencia, las siguientes: el pretender que la conducta no molesta, decirle a un amigo, decirle a la persona que pare o irse del lugar, entre otras. Además, decirle a un adulto en la casa lo que ocurre, no hacer nada y realizar bromas al respecto. Así mismo, decirle a la persona como se siente de lo que está haciendo, decirle a un adulto en la escuela, realizar planes para cuando regrese pelear o pelear con el agresor.

Davis y Nixon (2011) mencionaron que la estrategia con mayor frecuencia utilizada con un 76% fue pretender que no le molesta la conducta. Encontraron que **no** fue efectivo el tratar de manejarlo por sí mismo, ya que la conducta no se detenía. Mostró ser algo efectivo el poner la responsabilidad en la otra persona y no en sí mismos, entiéndase que el pensar que no es su culpa sino del agresor. Lo que pareció ser más efectivo fue buscar ayuda de otros, ya sea de pares o de adultos. Pero dicha estrategia se ve impactada ya que no todos buscan ayuda abiertamente.

En dicha investigación preguntaron a los estudiantes, que expresaran la forma en que entendían que los adultos los ayudaban. Manifestaron que entendían que el vigilar, apoyar y motivar tuvo resultados positivos en su vida. Dentro de lo fundamental expresaron que estaba el sentirse escuchados, supervisados y apoyados, los hacía sentir seguros. Por otro lado, si los adultos no prestaban atención pudieran experimentar eventos de mayor violencia. Ante todo, el niño debe recordarse a sí mismo que lo que ocurre no es su falta y que los agresores son quienes están haciendo algo mal.

Estrategias a Utilizar con Niños con Necesidades Especiales

En el caso de niños con necesidades especiales, según Holmquist (2011), se implementan estrategias en la escuela, tales como: identificar a un adulto que lo pueda ayudar o al cual se pueda reportar, identificar cómo la escuela puede documentar o reportar los incidentes, permitir que el niño se vaya temprano del salón de clases para evitar incidentes, ayudar al personal de la escuela y los pares a entender las discapacidades del niño.

Se debe educar a los pares y personal sobre las políticas sobre "bullying" del lugar donde esté la escuela, vigilar al niño, reafirmarle al niño que tiene derecho a estar seguro y que el "bullying" no es su responsabilidad.

Con los niños con discapacidades especiales se pudieran implementar metas y objetivos con ellos que: desarrollen el conocimiento de qué es conducta violenta y cómo reconocer los diferentes tipos de "bullying", brindar conocimiento sobre la ley que los protege, incrementar interacciones positivas con los pares, participar en grupos escolares para practicar destrezas sociales con los pares, identificar y practicar estrategias que ayuden al estudiante a mantenerse seguro ante diversas situaciones, desarrollar un plan escrito de seguridad como protocolos que pueda utilizar el niño en persona o por internet y desarrollar destrezas de auto-cuido para que el estudiante identifique cuando buscar ayuda, cuando irse y como mantenerse seguro física y emocionalmente, (Holmquist, 2011).

Estrategias a Utilizar por los Padres

Los padres de los niños que han sido víctimas de "bullying" al tener conocimiento, pudieran comenzar brindando apoyo, creerle y clarificarle al niño que no es culpa suya. Posteriormente, deben comenzar un diálogo con el personal escolar, entre ellos con el principal de la escuela, sobre la situación y éste diálogo debe ser de forma clara. En el mismo se debe expresar lo que el niño ha dicho, verbalizar cómo afecta la conducta al niño (tales como, que no desea ir a la escuela, presenta dolores abdominales en repetidas ocasiones, dolores de cabeza, miedo de asistir, etc.). Preguntarle al personal escolar qué puede hacer para resolver dicha situación o para mantener seguro al niño en el salón o en el camino de regreso a la casa y pedirle copia de la política de "bullying". El padre debe llevar un registro de lo que ocurre en la reunión, con quién hablo, fechas y qué se acordó, (Holmquist, 2011).

Si la situación continúa se debe escribir al superintendente escolar por escrito o correo electrónico y con copia a la principal sobre la situación. El padre debería contactar organizaciones que defienden los derechos de los niños en situaciones similares e igualmente podría cambiarlo de escuela si no se siente seguro, (Holmquist, 2011).

Estrategias a Utilizar por los Maestros y la Escuela

Los maestros al igual que otros adultos que intervengan, alivian el dolor en los niños; además deben enseñar y modelar el cuido por los demás, el respeto, monitorear de cerca, proteger y ser amistosos con aquellos que son víctimas. Deben, no ignorar o minimizar la conducta, sino que crear de forma activa un ambiente seguro, (Holmquist, 2011).

Las escuelas pueden implementar ciertas tácticas para ayudar a reducir el "bullying". Dentro de las cuales pudieran ser: permitir que los estudiantes realicen las reglas "anti-bullying" de la escuela ya que se verían forzados a seguirlas por haberlas hecho ellos mismos y exponerlas en un lugar visible y de forma concreta; ayudar a que el ambiente escolar sea uno dirigido a las relaciones cercanas, la cooperación y el positivismo, (Davis, & Nixon, 2011). Igualmente se deben realizar con los estudiantes procedimientos a seguir si se observa, escucha o es testigo de conductas negativas en los estudiantes.

Si utiliza consecuencias pequeñas y consistentes, que lleven al arrepentimiento, más que a simplemente aceptar la responsabilidad y el cambio de conducta; realizar procesos para manejo de situaciones serias, como pudieran ser notificar a los padres e intervenir para ayudar a la víctima a adquirir conductas positivas; además, de intentar que sea fácil el que los estudiantes reporten incidentes de acoso escolar, (Davis, & Nixon, 2011). La ayuda debe ser extensiva para los observadores y que estos puedan denunciar el "bullying", (Heath, Moulton, Dyches, Prater, & Brown, 2011).

Se pueden realizar juego de roles con los estudiantes, realizar y dialogar de las normas que deben seguir para evitar la conducta, los profesores deben elogiar la conducta positiva en el salón de clases y sancionar las negativas. Se deben establecer con anterioridad los privilegios por conductas positivas o sanciones por conductas negativas, (Heath et al., 2011).

Igualmente, realizar tertulias para dialogar sobre el tema con el salón de clases, realizar grupos mixtos para que cree dependencia positiva entre los miembros y se pueda dar aprendizaje cooperativo de forma positiva. Realizar actividades para unir al grupo positivamente, dirigidas a la diversión como giras o bailes. Reuniones entre padres y maestros donde se pueda extender estas labores fuera del ámbito escolar e incluso puedan invitar otros compañeros para compartir más abiertamente y de forma estrecha, además de adiestrar a estos padres sobre la problemática y como se pueda manejar, (Heath et al., 2011).

Programas Utilizados en las Escuelas

La mayor parte de las intervenciones son a nivel de impacto en el ámbito escolar. Los programas anti-bullying implementados en las escuelas, han probado producir cambios en las conductas a través del tiempo, ya que poseen un marco contextual de tipo social. Los programas deben tener en cuenta en sus intervenciones para que sean efectivas: la aceptación social completa del "bullying" y la carencia de estrategias de solución de problemas, particularmente con las víctimas y los observadores, (Heath, Moulton, Dyches, Prater, & Brown, 2011).

Las intervenciones en el ámbito escolar, deben ir dirigidas a psicoeducar a las escuelas en su totalidad, adiestrando, modelando y explorando con ellos estrategias, conocimiento e intervenciones adecuadas, con maestros, estudiantes y otro personal. Llevándolos a todos a tener responsabilidad y compromiso.

Los programas anti-bullying se pueden dividir en tres tipos, (Valera Torres, & Lecannelier Acevedo, 2008):

1. Los sistemas de intervención individual, donde se trabaja con la víctima para enseñarle y desarrollar estrategias de afrontamiento, empatía, asertividad, resolución de conflictos, etc.
2. Los sistemas de apoyo y mediación de pares, donde se debe intervenir con los pares a través de sistemas de mediación, grupos de ayuda de pares, tutores, consejería y otros.
3. El tercero es el programa en donde se incluye la escuela en su totalidad, aunque abarca los anteriores, genera una cultura escolar de solidaridad, respeto y buen trato.

De acorde a diversas investigaciones mencionadas en Valera Torres y Lecannelier Acevedo (2008), se ha encontrado que las intervenciones individuales, no son efectivas si no van acompañadas de otras intervenciones en los sistemas, que involucren la totalidad de la escuela. No obstante, existen algunos casos donde se debe brindar ayuda psicológica individualizada, por el impacto que ha tenido el "bullying" en sus vidas.

Mencionan que la mediación tiene cierto nivel de efectividad si se utiliza de forma preventiva y de capacitación, no como capacitación inmediata para las partes y la solución de diferencias entre ellos. Se ha establecido que aquellos programas que abarcan la totalidad de la escuela han mostrado variabilidad de resultados, alrededor del 50% de efectividad. Estas intervenciones pueden estar impactadas por la forma en que los maestros implementen los programas, el esfuerzo de la escuela en sí misma, la duración del programa y las características particulares de los estudiantes, como pudieran ser edad o género.

Algunos de los programas utilizados con mayor frecuencia al intervenir en las escuelas que presentan niños con conductas "bullying", son:

- **"Steps to Respect"** es un programa multidimensional dirigido a intervenciones a nivel individual, de clase (grupo) y escolar. El currículo le enseña a los niños las 3 Rs de "bullying"; Reconocer ("Recognize"), Rechazar ("Refusal") y Reportar ("Report"). El programa ayuda a los niños a desarrollar destrezas de amistad y se enfoca en cambiar el comportamiento del espectador que apoya al agresor. El programa está basado en investigaciones que demuestran que enseñarles ciertas destrezas a los niños es un método efectivo para reducir la conducta de "bullying", (Whitted, & Dupper, 2005).

- *"Bully-Proofing Your School" [BPYS]* es un programa multinivel que está dirigido a mejorar el clima, el ambiente escolar y que provee a los estudiantes destrezas para enfrentar a los agresores. A los espectadores se les enseña a intervenir y a ayudar a las víctimas. El BPYS involucra principios similares al de Olweus (mencionado más adelante), pero provee currículos más definidos para que sean utilizados por los maestros. Al implementar el BPYS se realiza en tres fases. Se inicia definiendo el concepto, se discute el impacto y establecen las reglas en el salón de clases sobre el "bullying". La segunda fase implica desarrollar destrezas y técnicas de manejo de la conducta de "bullying", de modo que lleve a incrementar la resiliencia sobre la victimización. La tercera fase, enfatiza en cambiar la cultura escolar, convirtiendo a los niños que no son "bullies" ni víctimas en una mayoría, (Fast Facts, 2011).

- *"Bully Prevention in Positive Behavioral Interventions and Suppports" [BP-PBIS],* el cual está diseñado con cinco resultados en mente, el primero es definir respeto y demostrar a los estudiantes como respetar a todos, el segundo es enseñar a los estudiantes como dirigirse a través de la respuesta en tres pasos (parar, caminar y hablar), el tercero es pre-corregir conductas antes de que los tres pasos sean necesarios, el cuarto es enseñar estrategias apropiadas a los tres pasos de respuestas y el quinto es adiestrar al personal con estrategias universales para dirigir los reportes de los estudiantes, (Fast Facts, 2011).

- *El "Promoting Alternative Thinking Strategies" [PATHS],* es un currículo que provee a las maestras de escuela elemental con procedimiento de desarrollo sistemático donde ayuden a los niños a entender sus sentimientos, tolerar la frustración y desarrollar soluciones constructivas para manejar los conflictos. En el salón de clases la maestra brinda lecciones cortas de forma frecuente, donde se interpreten pautas sociales y otras, se desarrollen relaciones positivas, utilice auto control y resuelvan problemas interpersonales. Los estudiantes aprenden a reducir el estrés, comunicarse mejor, desarrollar actitudes positivas y entender la diferencia entre sentimientos y conductas, (Fast Facts, 2011).

- *"Second Step"* son destrezas curriculares del salón de clases basadas en lo social, para estudiantes desde prescolares hasta escuela intermedia. El currículo intenta reducir las conductas impulsivas y agresivas e incrementa los factores de protección y de competencia social-emocional. De acuerdo con el grado, se les enseña a los niños empatía, destrezas de solución de problemas, evaluación de riesgo, toma de decisiones y destrezas para establecer metas, (Fast Facts, 2011).

- *"Bully Buster",* el cual es un programa con intervenciones psicoeducativas, para reducir el "bullying". La meta es incrementar el conocimiento mediante talleres a los maestros sobre el tema, estrategias, intervenciones, técnicas, la autoeficacia de trabajar con el problema y actividades que pueden realizar en el salón de clases, de modo que la victimización y el "bullying" disminuya, (Aluede, 2011).

- *"Olweus Bullying Prevention Program"* es un programa comprensivo de base escolar dirigido a estudiantes de escuela elemental, intermedia y superior. Sus metas son reducir y prevenir problemas de "bullying" entre estudiantes y mejorar las relaciones interpersonales entre pares. El programa está diseñado para ser implementado a nivel individual, del salón de clases y escolar, (Whitted, & Dupper, 2005).

- Existen programas que manejan directamente el "bullying" cibernético, entre ellos *"Cyber Bullying and Schools-Bullying No Way!"* y *"I-Safe Curriculum",* (Couvillon, & Ilieva, 2011).

- Otros programas para acoso en Internet son *"iSafe Internet" "Safety Program", "Cyber Bullying: A Prevention Curriculum", "Sticks and Stones: Cyberbullying"* y *"Lets Fight It Together: What We All Can Do to Prevent Cyberbullying",* (Snakenborg, Van Acker, & Gable, 2011).

Uno de los programas de mayor reconocimiento según la Administración de Servicios para el Abuso de Sustancias y la Salud Mental en Estados Unidos [SAMHSA] es el "Olweus Bullying Prevention Program [OBPP]. Este programa ha sido la primera intervención sistemática que se ha implementado en el mundo, con resultados positivos. Ha sido implementado en más de 500 escuelas en Noruega y sobre 8,000 escuelas en Estados Unidos, (American Psychologist, 2011).

El OBPP es un programa multiniveles y se basa en múltiples componentes en el ámbito escolar, para prevenir o reducir el "bullying" en todos los niveles educativos desde los 6 a los 15 años de edad; mejorando las relaciones entre pares e intentando que la escuela sea un lugar seguro y positivo donde los estudiantes puedan aprender y desarrollarse. El programa ha probado reducir en un 30 a un 70% los reportes de "bullying". Muestra reducciones significativas en conducta antisocial a nivel general (como vandalismo peleas, robos y ausentismo). Evidencia mejorías significativas en orden y disciplina en el salón de clases y actitudes positivas hacia la escuela y el trabajo escolar.

El Programa OBPP trabaja en tres niveles. El primero es a nivel de intervenciones en la escuela a nivel general. En este nivel se administra el Cuestionario de Olweus al "bully" o agresor y a la víctima ("Olweus Bully/Victim Questionnaire"), el cual se llena a nivel anónimo. Luego, se realiza un comité de coordinación de prevención del "bullying"; el cual se compone de administradores, maestros, estudiantes, padres y un coordinador del programa en la escuela. El coordinador debe administrar el cuestionario en varios momentos del año; además deben tener asistencia técnica, que incluya llamadas telefónicas cada 3 a 4 semanas durante el primer año de implementación. Posteriormente se adiestra al personal, participando de un día o parte de un día en adiestramiento y se espera que los maestros puedan leer el manual del programa, que se titula "Teachers Handbook: Olweous' Core Program Against Bullying and Antisocial Behavior" y el libro de "Bullying at School: What We Know and What We Can Do"; además, de realizar reuniones semanales de 20 a 40 minutos. El próximo paso es desarrollar reglas a nivel general en la escuela en contra del acoso escolar. Finalmente, se desarrolla un sistema de coordinación de supervisión durante periodos libres en la escuela. En el segundo nivel, se realizan intervenciones a nivel del salón. En estas intervenciones se realizan reuniones en el salón de clases regular para dialogar sobre el "bullying" y las relaciones entre pares, y se realizan reuniones con los padres de los estudiantes. Y el tercer nivel, son las intervenciones individuales, donde se realizan reuniones y conversaciones con los niños que son "bullies" o agresores para que desistan su conducta. Con los niños que son blanco del "bullying" o sea con las víctimas, para buscar alternativas que no los expongan y brindarle seguridad, con los padres de los niños involucrados para analizar el problema y realizar un plan de acción entre las partes.

Se espera que el programa OBPP disminuya varios factores de riesgo. Entre estos a nivel individual, se espera que disminuya la impulsividad, explosividad, personalidad dominante, carencia de empatía, dificultad adhiriéndose a las reglas. Muestren poca tolerancia a la frustración, actitudes positivas hacia la violencia, fortalezas físicas y disminuir gradualmente el poco interés en la escuela de algunos estudiantes.

A nivel de pares se espera disminuir las actitudes positivas de los amigos o pares hacia la violencia. En el ámbito familiar, se espera disminuir la pobre atención o preocupación de los padres, los padres permisivos de forma excesiva, los castigos físicos o la disciplina poco asertiva y la pobre supervisión de los padres. A modo escolar se espera disminuir el aceptar o ser indiferente por parte de los maestros y los estudiantes hacia el "bullying", (Olweus, 1993, 1997, 2011; Olweus, & Limber, 2010).

En términos del acoso cibernético, el rol de la escuela es fundamental al implementar diferentes estrategias. Dentro de éstas se debe tomar en cuenta, definir y requerir compromiso con el uso del Internet implementando políticas a los estudiantes, establecer reglas y comprometerse a la seguridad digital de todos. Buscar información que exponga la presencia de este tipo de acoso. Definir las consecuencias de dicho acto, implementando un currículo que considere el acoso cibernético. Tener personal adiestrado para manejar este tipo de incidentes, crear procedimientos para manejarlos, adiestrar al personal, padres o comunidad.

Establecer redes de apoyo o recursos, incluir actividades que involucre a toda la escuela y los pares. Mantener motivados a los estudiantes en la colaboración con los maestros, modelar conversaciones de acoso cibernético y su efecto. Utilizar medios en un plan de prevención, tecnología, recursos en los salones, etc., (Couvillon, & Ilieva, 2011).

Prácticas Basadas en la Evidencia

Pearce, Cross, Monks, Waters y Falconer (2011) exponen unas prácticas basadas en la evidencia que pueden ayudar para reducir el "bullying" en el ámbito escolar. Estas son:

1. Desarrollar capacidad para tomar acción, donde la escuela evalúa y mejora la capacidad para implementar estrategias de prevención y manejo de conductas "bullying", lo que ayuda a tomar acción de forma efectiva y sostenible a nivel de toda la escuela.
2. Apoyar la cultura escolar, donde el clima escolar debe ser positivo y debe crear una cultura creada y mantenida, provea seguridad. Motive a la comunicación abierta,

apoye el sentido de conexión con la escuela y proteja a los estudiantes en riesgos de "bullying". Hay que tomar en consideración al implementar estas prácticas, que es importante la calidad de las relaciones entre el personal escolar, estudiantes y padres para mantener este ambiente.

3. Políticas, procedimientos y acciones proactivas, las cuales deben ser claras y consistentes, donde se envíe un mensaje fuerte a la escuela sobre sus creencias y acciones, para mantener un ambiente seguro y de apoyo.

4. Se relaciona a la comunidad escolar en términos de que pueda entender y adquirir las competencias. Se le deben proveer al personal, estudiantes y familiares las destrezas y competencias para prevenir, identificar y responder a los incidentes del "bullying".

5. Ambiente protectivo en el ámbito escolar, donde el ambiente sea supervisado y se promueva el aprendizaje e interacciones sociales positivas entre estudiantes y personal.

6. Una asociación entre escuela, familia y comunidad, de modo que entre todos puedan reducir las conductas "bullying".

Valera Torres y Lecannelier Acevedo (2008), comentan que las escuelas deben formar un comité anti-bullying, que incluya todo el personal escolar.

Se debe elaborar un manual de intervención escolar, de modo que sirva de guía para manejar diversas situaciones y finalmente revisar e investigar los casos que puedan ser considerados como "bullying", de modo que se pueda establecer comunicación con la familia e iniciar una acción de protección contra la víctima.

Todo programa debe realizar un plan donde todos tengan cierto grado de responsabilidad y compromiso, charlas a nivel escolar sobre el tema, supervisión en todo momento en el ámbito escolar y dicho personal debe estar preparado de cómo debe intervenir. Tener una persona de contacto que pueda recibir llamadas para exponerle el problema de forma anónima y que pueda prestar apoyo, ayuda y consejos. Realizar reuniones y asociarse de forma cercana los padres y los maestros. Crear un grupo de apoyo entre los profesores para compartir o analizar experiencias, un círculo de padres para trabajar la situación y adiestrarse sobre como trabajar la situación de sus hijos sean víctimas o agresores, (Valera Torres, & Lecannelier Acevedo, 2008).

A Modo General

El Departamento de Salud y Servicios Humanos de los Estados Unidos, ha propuesto diez prácticas como esfuerzo en la prevención e intervención del "bullying", (Fast Facts, 2011):

1. Enfocarse en el ambiente social en la escuela, implementando normas sociales en la escuela donde se entienda que la actividad del "bullying" no es aceptable y donde se involucren los estudiantes, personal y administración.

2. Evaluar el "bullying" en la escuela, donde se analice la naturaleza del problema, implementen enfoques de prevención y evaluar esos enfoques e intervenciones.

3. Involucrar a los padres y el personal en las intervenciones del "bullying", ya que, para que sea efectivo debe reforzarse en la vida de los estudiantes.

4. Formar un grupo para coordinar los esfuerzos de prevención de "bullying" en la escuela, donde se mantenga y recolecte información y diseñen esfuerzos de prevención.

5. Adiestrar al personal en prevenir el "bullying", ya que todo adulto que intervenga con los niños debe estar adiestrado.

6. Establecer y reforzar las reglas escolares relacionadas al "bullying", desarrollar normas y reglas que sean visibles y claras.

7. Incrementar la supervisión de adultos en puntos importantes en la escuela, donde se den estas conductas.

8. Intervenir consistente y apropiadamente en situaciones de "bullying", el personal debe estar adiestrado para intervenir donde ocurren dichas conductas.

9. Enfocar cierto tiempo en la clase para prevención del "bullying", alrededor de 20 a 30 minutos cada semana.

10. Continuar con esfuerzos a través del tiempo.

Otras Intervenciones

En otros casos hay daño emocional sustancial y es necesario el impacto a modo de tratamiento individual y es para lo cual está diseñado este Manual.

Capítulo VI: Terapias y Modalidades Utilizadas

Objetivos:

-Orientar y educar sobre las modalidades de tratamiento

-Orientar y educar sobre las teorías para trabajar directamente con la víctima y sus familiares

Capítulo VI

Terapias y Modalidades Utilizadas

La literatura ha realizado diversas investigaciones sobre tratamientos con resultados efectivos con esta población. En este capítulo, se presentan aquellos que obtuvieron resultados positivos en dichas investigaciones. Se han estudiado terapias individuales, familiares o grupales con resultados positivos.

Terapias Individuales

Biblioterapia

Davis y Davis (citado en Heath et al., 2011), confirman que los observadores son un foco importante de atención ya que pueden ayudar a los estudiantes a levantar su voz contra el "bullying". Por lo que recomiendan la biblioterapia, de modo que se pueda crear un ambiente positivo, de apoyo e inclusión en el salón de clases. Forgan (citado en Heath et al., 2011) define biblioterapia, como la utilización de libros para sanar la mente y apoderar a los individuos a resolver sus dificultades. Dichas historias deben ir dirigidas a cambiar el pensamiento y conducta problemática.

La biblioterapia ayuda a identificar conductas, promover destrezas sociales e incrementar en términos generales el entendimiento desde otro punto de vista, en especial ayudando a algunos niños a no sentir que están solos. Se pueden utilizar fabulas o parabolas, con el fin de normalizar experiencias, reducir el aislamiento o desolación, modelar conductas deseadas, promover la esperanza, (Heath, Moulton, Dyches, Prater, & Brown, 2011).

Al utilizar la biblioterapia se deben escoger los libros adecuadamente, realizar preguntas al respecto, mostrar la portada e incluso hablar sobre la bibliografía del autor o el ilustrador. Al discutir las historias se debe pensar sobre el mensaje del libro y situaciones similares que hayan experimentado o visto en el salón de clases, escuela o comunidad. Se deben leer en voz alta, tratando de darle efectos especiales e intentar que las láminas sean grandes para que se puedan observar. Durante la explicación se debe clarificar cualquier detalle que se pueda malentender, de modo que se reduzca la confusión. Luego se deben realizar tareas que solidaricen el conocimiento, tales como ejemplos, discusiones sobre las destrezas sociales esperadas, (Heath et al., 2011).

Terapia Cognitiva Conductual (CBT)

La terapia CBT ayuda a fortalecer la conexión entre pensamientos, sentimientos y conducta en los niños que atraviesan estas experiencias; además de ayudar a cambiar pensamientos y actitudes. La CBT fortalece la solución de problemas, las autoverbalizaciones y las destrezas de manejo adaptativas. Además, de fortalecer sus habilidades sociales y cognitivas. Inhibir respuestas impulsivas o agresivas, superar la percepción hostil en situaciones interpersonales. Inhibir la ira y a utilizar alternativas no agresivas para resolver los conflictos, (Sattler, & Hoge, 2008).

El CBT incluso puede proveer a los maestros estrategias o destrezas necesarias para controlar la conducta de los estudiantes. Algunas son las recompensas, el modelaje, el juego de roles y la autoevaluación. Igualmente pueden ser utilizadas al parar y pensar antes de actuar, identificar el problema y desarrollar alternativas para solucionarlos. Evaluar las consecuencias de las posibles soluciones, seleccionar e implementar la solución que se entiende apropiada, (SAMHSA, 2004).

Dentro del CBT las estrategias conductuales manejan contingencias, para aumentar conductas de afrontamiento y mejorar autoestima. Se debe identificar fortalezas y conductas positivas, como interactuar positivamente con compañeros o comentarios respetuosos hacia los adultos, así como tolerar la frustración o reducir conductas agresivas, (Sattler & Hoge, 2008).

En un estudio de caso presentado por Morán-Sánchez (2006) se trató a una fémina víctima de "bullying" con técnicas CBT para manejar diversos aspectos, luego de la evaluación de un análisis funcional de la conducta, teniendo resultados positivos. El análisis funcional de la conducta implica evaluar lo que ocurre antes, durante y luego de la conducta. Entre las técnicas utilizadas a modo individual con la cliente, se trabajó con sus déficits de autoestima con restructuración cognitiva, su ansiedad con respiración diafragmática y relajación. Con el déficit de asertividad con adiestramiento en asertividad. Igualmente con el déficit de habilidades de comunicación, con adiestramiento en habilidades en comunicación. Con el déficit en resolución de problemas, con adiestramiento para resolución a problemas y autoinstrucciones. Con el déficit educativo de los padres con asesoramiento educativo, estilos educativos y educación de asertividad. Se incluyó la escuela intentando sensibilizar los profesores y alumnos con el problema.

Con los profesores se trabajaron estrategias donde pudieran ayudar a evaluar la situación e implementación de programas o tutorías, además de reuniones periódicas. Con los estudiantes se trabajó intentando prevenir las situaciones, adiestrándolos en habilidades sociales y resolución de problemas.

A los padres se les brindaron estrategias para mejorar autoestima, técnicas de asertividad, reforzar la comunicación y resolución de problemas. Se debe adiestrar cada una de las partes involucradas y restructurar sus cogniciones.

Terapia de Juego

La terapia de juego puede ser útil para niños pequeños, que no saben verbalizar adecuadamente emociones, ni pensamientos. Ya que les brinda la libertad de expresarse de otra forma. Se utilizan juguetes, bloques, muñecas, marionetas, dibujos y otros juegos. Estos deben ser relacionados a temas específicos que se trabajen en la terapia.

El profesional debe observar al niño y la naturaleza de su juego, cómo utiliza el material, identificar el tema o patrón del problema en la forma de como el niño lo ve. Obviamente que hay que tener en cuenta el nivel de abstracción que tenga el niño, (SAMHSA, 2004).

Existe la *terapia de juego centrada en el cliente de tipo no directiva*, donde el niño dirige el juego sin dirección del profesional. No obstante, el terapeuta debe establecer un clima cálido y amistoso, aceptar al niño tal cual es, permitir un clima permisivo, donde se sienta libre de expresarse. Debe estar alerta a los sentimientos y reflejarlos al niño para que pueda realizar introspección de su conducta. El niño es quién tiene la responsabilidad por realizar decisiones y cambiarlas.

El terapeuta no dirige el juego ni la conversación en ninguna forma. El especialista establece límites necesarios de seguridad y para que el niño este consciente de su responsabilidad en la relación.

Este enfoque lleva a apoderar al niño a ganar consciencia, destrezas en la toma de decisiones y aceptación de sí mismo. Es importante que el niño se conozca y crea en así mismo, ya que su autopercepción dirige su conducta y emociones, (SAMHSA, 2004).

Terapias de Familia

Adiestramiento en Destrezas de Solución de Problemas

En el Adiestramiento de Destrezas de Solución de Problemas ("Problem-Solving Skills Training" [PSST]), se identifican los déficits cognitivos o distorsiones en situaciones sociales, y se le proveen métodos adecuados para manejar dichos eventos, buscando soluciones apropiadas. En este enfoque se realizan juego de roles, ejercicios estructurados donde se buscan soluciones a situaciones reales de vida, se proveen refuerzos, contratos, modelaje y tareas que lleven a implementar técnicas apropiadas en la solución de problemas. En este enfoque se involucra a los padres para que sea de mayor efectividad, (Mash, & Wolfe, 2007).

Terapia Multisistémica

La terapia multisistémica es un foco en la salud que se enmarca en cambiar como funciona el niño en su medioambiente (entiéndase escuela, casa o comunidad). Promueve la conducta social positiva y disminuye la conducta problemática. El terapeuta multisistémico se enfoca en identificar las fortalezas familiares, mejorando las destrezas parentales y las redes de apoyo. Esta terapia involucra a toda la familia.

Varios estudios exponen la efectividad de dicha terapia en casos de "bullying". En este modelo se utilizan todos aquellos enfoques o tratamientos que puedan ser de ayuda en diversos ambientes en los que interaccionan los niños o adolescentes involucrados en el "bullying", (SAMHSA, 2004).

Adiestramiento en Manejo para Padres

Adiestramiento de Manejo para Padres ("Parent Management Training" [PMT]), donde se les enseña a los padres a cambiar la conducta de sus niños en la casa utilizando técnicas de contingencias; además de mejorar otras destrezas parentales, como la comunicación y supervisar adecuadamente, (Mash, & Wolfe, 2007).

La Teoría Social-Ecológica

La teoría social-ecológica del "bullying", plantea que es importante evaluar como las características del contexto influyen en la victimización. Por lo tanto, se debe evaluar, no solamente las experiencias de victimización que ha atravesado la persona en el ámbito escolar. Sin embargo, también se deben incluir otros ambientes que tengan influencia en el niño tales como: contextos múltiples como pudieran ser la escuela, familia o comunidad, (Holt, Finkelhor, & Kaufman, 2007).

Terapia Estructural

La terapia estructural de familia de Minuchin (según citado en Butler, & Platt, 2008), donde se ve el problema desde la perspectiva de la organización familiar. Se entiende que las familias son inherentemente buenas y tienen la capacidad para poder cambiar, si poseen la estructura necesaria para manejar los problemas de la vida.

En este enfoque se han introducido estructuras maladaptativas en la familia que mantienen el sistema con patologías. El terapeuta debe dirigirlos a modificar su estructura a una adaptativa, para lo cual, utilizará varias técnicas como el "joining", el marcar los límites y desbalancear. Se ha encontrado que las familias con miembros que están involucrados en "bullying", muestran un desbalance de poder a nivel parental, el cual se debe trabajar para que sea adaptativo.

Terapia Narrativa

Otro enfoque de familia es la terapia narrativa, la cual se puede utilizar aquellas familias que atraviesan el problema de "bullying". White y Epson (citados en Butler, & Platt, 2008), exponen que las familias crean historias de su vida y se ven de cierta forma particular; la forma en que se ven en estas historias y como influyen en sus vidas, impacta la visión de sí mismos.

Las personas que atraviesan el "bullying" han creado esto como su historia dominante, hay que externalizar el problema de forma que el niño cambie de ser un niño problema, a trabajar junto a su familia para sobrepasar el "bullying".

Teorías de Apego

La teoría de apego de Bowlby (citada en Powell, & Ladd, 2010), expone que las representaciones internas o modelos de relaciones de apego cercanos que comienzan en la infancia, se incorporan en nuestras actitudes, personalidad y conducta. Estos modelos internos trabajan hasta donde el individuo entiende que tiene amor y atención de otros. Por lo que, los apegos tempranos proveen la base para conductas futuras y el ser humano pretende que los demás reaccionen como sus cuidadores primarios. La agresión se puede ver en tres formas. Una de ellas es cuando el niño actúa agresivo y como reacción a una relación negativa con sus cuidadores. La segunda es como la agresión puede ser una forma de tener atención de unos padres negligentes. La tercera es aquel niño que desarrolla apegos inseguros o ansiosos, los que pueden influir e imposibilitar el tener relaciones positivas con otros y utilizan la agresión como un mecanismo de defensa. Por lo que hay que trabajar los apegos en el niño, para que pueda tener éxito en la solución de su problemática.

Terapia Enfocada en la Solución

La terapia de familia enfocada en la solución, se ha utilizado, pues no toma posiciones, sino que busca la solución positiva para el niño y su familia. Al igual que las otras terapias de familia, intentan reducir los conflictos familiares y establecer e incrementar una comunicación y relaciones positivas, (Powell, & Ladd, 2010).

Terapias de Grupo

Solución de Problemas Unidos

Hall (2006) presenta un tratamiento de grupo en específico para las víctimas, llamado Solución de Problemas Unidos ("Solving Problem Together" [SPT]). Este tratamiento lleva al niño a descubrir conocimientos y destrezas necesarias para manejar el "bullying" o cualquier otro problema. Igualmente les demuestra técnicas predictivas para resolver problemas en el futuro. Este enfoque ayuda a las víctimas a manejar el coraje. Desarrollando destrezas que lleven a ampliar sus relaciones interpersonales.

El líder del grupo diseña el grupo y está atento que se cumplan seis pasos para el desarrollo del mismo. Estos pasos son:

1. El primero, es establecer un propósito, donde las víctimas desarrollen estrategias efectivas de responder a la conducta.
2. El segundo es establecer metas, el cual deben ir dirigidas al proceso de solución de problemas, para determinar qué estrategias pueden utilizar al enfrentar el "bullying".
3. El tercero es establecer objetivos, que sean medibles, identificados, aplicados y practicados donde los niños puedan identificar o aplicar técnicas efectivas para manejar la agresión.
4. El cuarto es seleccionar el contenido.
5. El quinto diseñar actividades experienciales. Con el cuarto y quinto punto, se espera que se puedan establecer de forma efectiva formas para evaluar problemas de los estudiantes, donde se anticipen consecuencias, preguntas o hipótesis sobre problemas reales.
6. El sexto es evaluar el grupo, donde se evalúen la forma de responder al "bullying" antes y en el momento de finalizar el tratamiento.

El líder debe seleccionar los candidatos, comenzar el grupo y conducirlo, ayudándolo en cualquier transición que el grupo necesite hacer.

Otros Aspectos Importantes

En ocasiones se integran terapias para obtener mayor efectividad o cuando se estimen necesarios. Por ejemplo:

La CBT, en unión con la biblioterapia, ayuda a manejar los problemas emocionales o conductuales de los niños, incluyendo depresión, agresión o fobias, (Heath, Moulton, Dyches, Prater, & Brown, 2011).

Según Olweus (1993) "la meta es leer en voz alta literatura que debe ser para incrementar la empatía de los estudiantes con las víctimas de "bullying" y demostrar algunos mecanismos envueltos, sin enseñarles nuevas formas de bullying", (Olweus, 1993, p.82). Igualmente mostrarles formas de solucionar problemas a la víctima, al observador o al agresor, entre otras destrezas sociales necesarias para manejar los conflictos.

Los profesionales de la salud utilizan la terapia cognitiva conductual (CBT) y la terapia de juego con los niños involucrados en la conducta "bullying", al igual que la biblioterapia, para los maestros y padres. Utilizan estas terapias como mecanismos de ayuda para dirigir destrezas sociales y retos en el desarrollo normal. Además, de confrontar la conducta y enfocar a los estudiantes en qué no pueden hacer, se deben seleccionar libros que promuevan relaciones interpersonales saludables entre los profesores y estudiantes, entre los estudiantes entre ellos mismos y que promuevan conductas prosociales, como la bondad, inclusión y empatía, (Heath, Moulton, Dyches, Prater, & Brown, 2011). Estas destrezas ayudan a promover o fortalecer la resiliencia y aliviar las repercusiones negativas del "bullying".

ESTRATEGIAS Y TÉCNICAS RECOMENDADAS DE INTERVENCIÓN CON LA VÍCTIMA DE ACOSO ESCOLAR

Capítulo VII: Enfoques en el Tratamiento

Objetivos:

-Identificar y explicar el enfoque en el tratamiento con la víctima, el agresor, los padres y los maestros

-Orientar sobre técnicas inefectivas

Capítulo VII

Enfoques en el Tratamiento

Es esencial, ante todo, hacerles pensar a las víctimas que esta conducta no es su culpa y manejarlo reportando a la escuela y otros lugares para evitar situaciones futuras. Entiéndase escuela, maestros o padres y buscar alternativas ante la situación.

Las Víctimas

Se debe tener presente que las víctimas ante todo necesitan hablar, protección y relaciones fuertes con adultos de confianza. También necesitan pertenecer a un grupo de pares, no culparse a sí mismos y apoyo en sus conflictos o dificultades emocionales, (Riese, 2012).

Las víctimas en términos generales, deben trabajar áreas como resolución de conflictos, autoestima, respeto, como tratar a las personas, destrezas sociales, hacer amistades, empatía, destrezas de manejo de conflictos, manejo de coraje y otras áreas similares. De esta forma que se pueda comenzar a establecer mediación de conflictos de forma adecuada, (Long, & Alexander, 2010).

Con las víctimas se deben mejorar sus destrezas sociales, incrementar la conexión social, disminuir el rechazo de sus pares y disminuir la vulnerabilidad al "bullying", (Brown, Low, Smith, & Haggerty, 2011). Igualmente trabajar destrezas sociales, ponerse de acuerdo o negociar, responder al fracaso y enfrentar presiones o solucionar diferentes tipos de conflictos, (Prieto-Quezada, Carrillo-Navarro, & Jiménez-Mora, 2005).

"HA HA SO"

Bonds (citado en Long, & Alexander, 2010) presenta un acrónimo en inglés, como método para ayudar a la víctima a evitar o evadir el "bullying", dicho acrónimo es "HA HA SO". Menciona que la primera "H" es de "Help" o ayuda y es el momento en que se debe buscar ayuda de un adulto, amigo o par cuando las situaciones están comenzando y nada más funciona. La primera "A" es de "Assert Yourself" o afirmarse a sí mismo. Donde se deben realizar afirmaciones asertivas al agresor, mencionándole sus sentimientos sobre su conducta. La segunda "H" de "Humor" o humor, para reducir la situación. La segunda "A" es de "Avoid" o evitar la conducta, como pudiera ser irse o evitar ciertos lugares para evitar la situación o conducta de acoso. La "S" es de "Self-Talk" o hablarse a sí mismo, de modo que se utilice el hablarse a sí mismo de forma positiva, para que se mantenga la autoestima. Y por último, la "O" de "Own It" o adueñarse, para que disminuyan los comentarios para poder divulgarlo.

Los Agresores

Los agresores necesitan tomar responsabilidad por su conducta, desarrollar empatía y consciencia, relaciones fuertes con adultos, cambiar metas y otras intervenciones cognitivas conductuales, (Riese, 2012).

Los Padres

Es necesario mejorar la comunicación familia-escuela, crear un ambiente de aceptación sin tomar en cuenta las diferencias individuales, atender y hablar sobre los problemas, no establecer políticas de miedo y el estado o sociedad debe apoyar a las víctimas, (Riese, 2012).

Es importante, ante todo, el rol de los padres de los agresores elogiando aquellas conductas positivas. Incluso de forma excesiva para que los cambios sean sostenibles a través del tiempo y penalizar las conductas negativas, para disminuir la frecuencia, (Rodríguez-Morales, s.f.).

En términos de la víctima los padres deben llevar al niño a desarrollar sus cualidades o destrezas positivas al máximo para que se incremente la autoconfianza y el valor propio en el niño. Realizar coordinación con la escuela para realizar un plan para proteger al niño. Los padres deben escuchar, entender, apoyar al niño y hablar con la escuela sobre el problema. Si nada de lo anterior funciona, sería recomendable cambiar al niño de escuela, si se entiende que puede ser de beneficio, (Rodríguez-Morales, s.f.).

Los Maestros

Smith y colaboradores (citado en Rodríguez-Morales, s.f.) entienden que para combatir el "bullying" se deben realizar ciertas intervenciones:

- Valorar con fuentes de información como maestros, alumnos y padres.
- Toda la escuela se debe involucrar, crear un ambiente seguro, de respeto y no hostilidad.
- Se debe ejercer autoridad para medir los problemas, definir metas y crear una competencia entre los compañeros. Un ejemplo de una competencia podría ser, a ver quién es el más respetuoso. También se puede hablar constantemente del tema, preguntar constantemente si conocen algún caso y tener presente que la víctima tiene varios síntomas.
- La escuela debe promover conductas prosociales, fomentar lo positivo y el buen uso del poder, modelar adecuadamente emociones y sentimientos.
- Tomar medidas preventivas, brindar entrenamiento sobre asertividad, establecer buena comunicación entre todas las partes.
- Hacerle ver a todos que son parte importante de la solución, crear un ambiente de respeto, promover buenos valores, trabajar la solidaridad entre todos, promover empatía, reforzar conductas positivas y tener cuidado con ser muy estricto ya que esto no rehabilita.

Al ver un evento de "bullying" el maestro debe parar el incidente, debe bloquear la mirada entre agresor y víctima, no debe pedir explicaciones de lo que ocurrió, se debe hacer referencia a la conducta y las reglas escolares. Además, se debe estar alerta a lo que se ve o escucha, hacer constar que no se está de acuerdo con la conducta, apoyar a la víctima para que gane auto-control y se sienta seguro y apoyado. Hay que involucrar al observador para que intervenga en la próxima ocasión. Utilizar una voz calmada, imponer consecuencias al agresor de forma inmediata. No se debe requerir que pidan disculpas, hay que dejar saber que se va a observar al agresor de forma cercana y no requerir que se reúnan las partes para que trabajen la situación. Posteriormente, se le debe dar seguimiento a la situación con adiestramientos o destrezas de intervención apropiadas, (Curriculum Review, 2006).

Ante todo, se debe tener presente que hay que establecer consciencia en la escuela sobre el problema y conseguir que todo el personal que pueda involucrarse lo haga. Definir normas claras, ofrecer apoyo y protección a las víctimas en la escuela. A modo individual se debe dar con psicoterapia para poder ser de éxito ante las conductas "bullying", (Fast Facts, 2011).

Nuevas Tendencias para Tratar el Acoso Escolar

Sánchez (2008), establece que es necesaria combinar la psicología positiva y la cultura de la paz para trabajar con la violencia, porque la paz es responsabilidad de todos. La cultura de la paz entiende que debemos construir y asegurar lo que construimos; por lo que es necesario educar y socializar con especial énfasis en el desarrollo de valores. Si se realiza de esta forma podremos ayudar a forjar actitudes que promuevan habilidades para manejar y resolver conflictos de forma positiva, negociar, manejar dificultades, responsabilidad, empatía y apoderamiento.

Sánchez (2008) expone que es importante adquirir valores altruistas (conductas prosociales), que fomenten la ayuda a otros, la colaboración y el respeto a los demás, el cambio de actitudes, los principios de cooperativismo y la sana convivencia ya que no somos seres únicos y aislados sino entes gregarios en el mundo, que necesitamos de los demás para subsistir. Es fundamental que se conozcan y hagan parte de la vida los principios de libertad, justicia, democracia, tolerancia y solidaridad. Hay que enseñarles a los niños empatía, consideración, armonía, unidad y habilidades para resolver conflictos mediante el dialogo y la mediación.

La psicología positiva, es el estudio de las cualidades positivas del ser humano, de modo que se pueda fomentar la felicidad, el bienestar común y prevenir trastornos, (Moreno-Jiménez, & Gálvez-Herrer, 2010). Este modelo provee especial énfasis a varios conceptos, entre ellos la resiliencia, que se entiende como aquella capacidad que tienen las personas para enfrentar, fortalecerse o sobreponerse a la adversidad e incluso a eventos traumáticos, (Quintana, Montgomery, & Malaver, 2009).

La resiliencia es necesaria para poder identificar cuáles son los factores de riesgo predictores de conductas que hay que trabajar para aminorar y disminuir. Por otro lado, identificar esos factores protectores que son los que se habrán de reforzar para fortalecer la autoestima, el autoconcepto y la autovalía. De manera de continuar combatiendo con los factores de riesgo. Otro concepto fundamental, es el proceso de afrontamiento, el cual es el esfuerzo del individuo para enfrentar o adaptarse a demandas ambientales o internas, (Quintana, Montgomery, & Malaver, 2009). Ante todo es remplazar emociones negativas como la ira, miedo o tristeza, por emociones positivas como alegría, ilusión y esperanza, (Vera, 2006).

La combinación de la psicología positiva y la cultura de la paz, pueden promover responsabilidad y transformar situaciones difíciles, en destrezas y técnicas de apoderamiento. Fortalecer factores de resiliencia para sobrepasar y manejar la difícil experiencia de haber vivido el ser víctima de acoso escolar, (Sánchez, 2008).

Técnicas de Intervención Inefectivas

Riese (2012) menciona que existen diversas estrategias que no son efectivas, entre estas: soluciones a corto plazo, la terapia de grupo para los agresores, reforzar la autoestima a estudiantes que son agresores, políticas de cero tolerancia al "bullying" y mediación o solución de conflictos.

Resumen

A modo general existen unas estrategias que funcionan donde se debe enfocar en la totalidad de la escuela, evaluar la conducta, buscar apoyo, formar grupos de coordinación, adiestrar el personal y establecer leyes o políticas. Debe enfocarse en la prevención, incrementar la supervisión y ser consistente, (Riese, 2012).

Las intervenciones en la medida de lo posible deben ser de forma temprana, para reducir la violencia y cualquier otro impacto negativo en la adultez temprana, (Kim, Catalano, Haggerty, & Abbott, 2011).

Capítulo VIII: Ejercicios Terapéuticos

Objetivos:

-Proveer ejercicios terapéuticos que sirvan de ayuda al profesional de la salud para trabajar con víctimas de acoso escolar

Capítulo VIII

Ejercicios Terapéuticos

En este capítulo se presentan diversos ejercicios y materiales que pueden ser de ayuda al momento de intervenir con la víctima de acoso escolar, de acuerdo a las teorías y enfoques terapéuticos mencionados en los capítulos anteriores. Muy en especial, tomando como base la terapia cognitiva conductual, donde se trabaja la conexión entre pensamientos, sentimientos y conductas, (Sattler, & Hoge, 2008). Porque es uno de los tratamientos que se menciona constantemente en la literatura, como ser altamente efectivo.

No obstante, estos ejercicios van dirigidos a poder desarrollar destrezas que no solamente ayuden a la víctima con esta situación en su vida, sino a adquirir destrezas que puedan ser funcionales en su diario vivir y ante otras dificultades que se presenten a modo general. Llevando a las víctimas a fortalecer sus valores positivos, sus destrezas de afrontamiento y finalmente siendo seres resilientes que afronten situaciones difíciles o traumáticas con mayores destrezas sociales como plantean la psicología positiva y la cultura de la paz, (Sánchez, 2008).

Es importante que se establezca confianza con esa víctima, no se presione sino que se comprenda y se le brinden las herramientas de mayor ayuda para cada caso particular. Hay que evaluar con detenimiento cada situación, cumplimentando debidamente historiales que recopilen información necesaria y pertinente, que brinden información del norte a seguir en el tratamiento. Ante todo hay que evaluar el estilo del cliente, para poder identificar el tratamiento que podría ser a modo funcional, de primer orden.

ACOSO ESCOLAR

Tema: Acoso escolar o "bullying"

Meta: Conocer el acoso escolar y sus modalidades.

Materiales:

1. Salón u oficina
2. Hoja de ejercicio: *Acoso Escolar*
3. Hoja de papel tamaño 8.5" x 11" en blanco
4. Tablero para fijar el papel
5. Lápices o bolígrafos

Procedimientos:

1. El profesional le proveerá el documento al cliente.
2. El cliente leerá en voz alta el documento y se aclararán dudas al respecto.
3. El profesional le pedirá al cliente que manifieste experiencias que entienda que son acoso escolar, de modo que pueda asegurarse la comprensión de todas sus modalidades.

ACOSO ESCOLAR

El ACOSO ESCOLAR es definido por Olweus (1993), como que deben estar presentes los siguientes tres criterios:

1. Asimetría o desbalance de poder ya sea por desbalance físico, edad, contactos en las redes sociales de la escuela u otra característica particular.
2. Uso premeditado o intencional de la violencia para establecer asimetría de poder.
3. Debe ser de modo repetido a través de tiempo. Algunos autores indican que en ocasiones es el efecto negativo del evento.

En resumen es cuando una persona o grupo de personas te daña de alguna forma, una y otra vez.

Modalidades de acoso escolar

- ✖ **_Físico_** – Empujones, puños, patadas o golpes con objetos y es el más utilizado por los varones.
- ✖ **_Verbal_** – Insultos, menosprecios, malos nombres, etc. Es el tipo más habitual y el mayor utilizado por las féminas.
- ✖ **_Psicológico_** – Dañar el autoestima del individuo, llevándolo a experimentar temor o inseguridad.
- ✖ **_Social_** – Aislar a la víctima del grupo, mediante chismes, rumores o pedir abiertamente a los pares que ignoren o excluyan a la víctima.
- ✖ **_Cibernética_** – Es el hostigar, intimidar o ridiculizar vía internet ya sea por correos electrónicos, mensajes instantáneos o digitales, blogs, etc.

ACOSO ESCOLAR EN MI VIDA

Tema: Acoso escolar o "bullying"

Meta: Identificar experiencias específicas que ha experimentado la víctima y expresar la forma en que las ha manejado.

Materiales:

1. Salón u oficina
2. Hoja de ejercicio: *Acoso Escolar en mi Vida*
3. Hoja de papel tamaño 8.5" x 11" en blanco
4. Tablero para fijar el papel
5. Lápices o bolígrafos

Procedimientos:

1. El profesional le pedirá al cliente que complete el ejercicio luego de leer las instrucciones.
2. Se proveerá papel en blanco adicional, de ser necesario.
3. Al completar el ejercicio, se discutirá el mismo en la sesión.

ACOSO ESCOLAR EN MI VIDA

Instrucciones:

Favor de leer las siguientes preguntas y contestar con la mayor sinceridad posible.

1. Describe qué tipos de conductas de acoso escolar has experimentado.

_____

_____

_____

2. Describe una situación con detenimiento. ¿Alguien te ayudó?

_____

_____

_____

3. ¿Qué pasó luego del evento?

_____

_____

_____

4. ¿Cómo has cambiado luego del evento?

_____

_____

_____

5. ¿Cómo te has sentido?

_____

_____

_____

6. ¿Qué piensas ahora?

_____

_____

_____

¿QUÉ PUEDO HACER CON EL ACOSO?

Tema: Acoso escolar o "bullying"

Meta: Poder elaborar un plan de acción a seguir cuando se presenten conductas amenazantes en la escuela, entiéndase acoso escolar o "bullying"

Materiales:

1. Salón u oficina
2. Hoja de ejercicio: *¿Qué Puedo Hacer con el Acoso?*
3. Hoja de papel tamaño 8.5" x 11" en blanco
4. Tablero para fijar el papel
5. Lápices o bolígrafos

Procedimientos:

1. El profesional le pedirá al cliente que complete el ejercicio luego de leer las instrucciones.
2. Se proveerá papel en blanco adicional, de ser necesario.
3. Al completar el ejercicio, se discutirá el mismo en la sesión.

¿QUÉ PUEDO HACER CON EL ACOSO ESCOLAR?

Instrucciones:

Favor de leer las siguientes preguntas y contestar.

1. ¿Qué puedo hacer si tengo un incidente en la escuela?

_____

_____

_____

2. ¿A dónde puedo buscar ayuda?

_____

_____

_____

3. ¿Cómo debo actuar?

_____

_____

_____

4. ¿Cómo evito exponerme a esta situación?

_____

_____

_____

5. ¿Qué lugares debo evitar?

_____

_____

_____

CONTROL DE MÍ

Tema: Autocontrol

Meta: Identificar y evaluar estrategias que utiliza o ha utilizado para mantener el control propio.

Materiales:

1. Salón u oficina
2. Hoja de ejercicio: *Control de Mí*
3. Hoja de papel tamaño 8.5" x 11" en blanco
4. Tablero para fijar el papel
5. Lápices o bolígrafos

Procedimientos:

1. El profesional le pedirá al cliente que complete el ejercicio luego de leer las instrucciones.
2. Se proveerá papel en blanco adicional, de ser necesario.
3. Al completar el ejercicio, se discutirá el mismo en la sesión.

CONTROL DE MÍ

Instrucciones:

Favor de leer las siguientes preguntas y contestarlas.

1. Piensa en situaciones difíciles en tu vida. Enumera que cosas has hecho para mantenerte en calma.
    a.
    b.
    c.

2. ¿Qué cosas has observado en otras personas y que entiendes que funciona?
    a.
    b.
    c.

3. ¿Cuándo sabes que has perdido el control de ti mismo? ¿Qué cosas haces?
    a.
    b.
    c.

4. ¿Cómo te han ayudado los demás a tener control de ti mismo?
    a.
    b.
    c.

ESTRATEGIAS DE AUTOCONTROL

Tema: Autocontrol

Meta: Evaluar y aprender estrategias nuevas para mantener el autocontrol, de modo que puedan ser utilizadas en eventos futuros.

Materiales:

1. Salón u oficina
2. Hoja de ejercicio: *Estrategias de Autocontrol*
3. Hoja de papel tamaño 8.5" x 11" en blanco
4. Tablero para fijar el papel
5. Lápices o bolígrafos

Procedimientos:

1. El profesional le proveerá el documento al cliente.
2. El cliente las leerá en voz alta.
3. El profesional debe ir aclarando dudas en el proceso.
3. El profesional realizará juego de roles y la práctica activa de todas las técnicas, de modo que el cliente practique las destrezas adquiridas.
4. Cada una se debe realizar de forma aislada y una técnica a la vez, una vez el cliente domine una, se va a la otra. Podría tomar varias sesiones.

ESTRATEGIAS DE AUTOCONTROL

↗ Mantener la calma, silencio y confiar en sí mismo. Nadie puede adivinar lo que estamos pensando o sintiendo a menos que lo demostremos.

o Mantente en una postura derecha.

o Utiliza una voz firme y fuerte.

o Sonríe y no muestres coraje, ¡Aunque así sea!

o Sé asertivo, hablando de "yo" y realiza comentarios como:

  ▫ "Detente, n▫o me gusta".

  ▫ "Me da pena que no te pones en los zapatos de los demás".

  ▫ "Debe ser difícil vivir con tanto odio y rencor".

  ▫ "Realmente, ¿qué es lo que quieres?

  ▫ "Debes tratar de ser tú mismo".

↗ Ten buen sentido del humor. Recuerda que realmente lo que quieren es molestarte, asustarte y que te sientas mal. Debes realizar chistes o utilizar la paradoja (la contradicción). Por ejemplo:

o "¡Buen consejo! A lo mejor un día intente tu idea."

o "Me gustaría tener amigos como tú".

o O simplemente realiza un chiste propio, pero que no te burles del otro.

↗ Realiza un listado de personas a las cuales puedas recurrir en momentos que te sientas en peligro; tales como, padres, maestros o amigos. Práctica, ¿qué le podrías decir?

o Por ejemplo: "(Nombre de la persona), necesito ayuda, he estado atravesando por una experiencia difícil. He tenido problemas con (agresor). He tratado (menciona lo que haz hecho) y parece no funcionar. ¿Crees que me puedes ayudar? ¿Qué crees que puedo hacer?"

↗ Realiza un listado de autoafirmaciones positivas, que puedes utilizar a diario. Verbalízala como por diez ocasiones, varias veces al día. Puedes realizar este ejercicio frente al espejo. No te enfoques en lo negativo al realizarlas, sino en lo positivo; como "hoy no estoy asustado" (negativo). Ejemplos de positivas:

o "Yo confío en mí mismo/a."

o "Yo lo he manejado antes y podré hacerlo."

o "Sé que puedo."

⚡ Visualízate manejando la situación. ¿Cómo lo harías? ¿Qué harías diferente? Recuerda que la mente es poderosa.

⚡ Realiza ejercicios de respiración. Un ejemplo:

o Respira profundamente por la nariz contando hasta tres y empuja el aire hasta el estómago, piensa que el estómago es un globo y lo estas llenando. Luego permite que el aire, salga lentamente por la boca, contando hasta tres. Debes realizar este ejercicio alrededor de 3 ocasiones. A la vez que lo realizas piensa y háblate a ti mismo: "Calma, calma, calma".

⚡ Autoevalúate cuando utilices cada técnica y ¿cómo te sientes al utilizarla?

⚡ Realiza una agenda de experiencias y evalúa como puedes manejarlas si te volviesen a ocurrir. Además debes evaluar como las manejaste, si entiendes que funcionó la forma en que lo hiciste o qué harías diferente en una próxima ocasión.

MI SEMÁFORO

Tema: Autocontrol

Meta: Poder identificar cómo las emociones y los pensamientos, impactan en la conducta.

Materiales:

1. Salón u oficina
2. Hoja de ejercicio: *Mi Semáforo*
3. Hoja de papel tamaño 8.5" x 11" en blanco
4. Tablero para fijar el papel
5. Lápices o bolígrafos

Procedimientos:

1. El profesional le explica lo que quiere decir el semáforo. Se le explica que el *Rojo* es igual a *Parar* pensamientos y conducta, el *Amarillo* es *Pensar* alternativas y soluciones, y el *Verde* es *Actuar*, luego de un análisis.
2. El profesional le pedirá al cliente que piense en una situación (la ubique en el rojo), piense en alternativas (las ubique en el amarillo) y cómo actuaría y por qué (lo ubica en el verde).
3. Se proveerá papel en blanco adicional, de ser necesario.
4. Al completar el ejercicio, se discutirá el mismo en la sesión.

MI SEMÁFORO

Instrucciones:

El semáforo implica que el ***Rojo*** es igual a ***Parar*** pensamientos y conducta, el ***Amarillo*** es ***Pensar*** alternativas y soluciones, y el ***Verde*** es ***Actuar***, luego de un análisis. Piensa en una situación (ubícala en el rojo), piensa en alternativas (en el amarillo) y cómo actuarias y por qué (en el verde).

PARA

_____

_____

PIENSA

_____

_____

ACTÚA

_____

_____

MI AUTOESTIMA

Tema: Autoestima

Meta: Evaluar y clarificar el concepto de autoestima.

Materiales:

1. Salón u oficina
2. Hoja de ejercicio: *Mi Autoestima*
3. Hoja de papel tamaño 8.5" x 11" en blanco
4. Tablero para fijar el papel
5. Lápices o bolígrafos

Procedimientos:

1. El profesional discutirá con el cliente el concepto de autoestima.
2. El profesional le pedirá al cliente que complete el ejercicio.
3. Se proveerá papel en blanco adicional, de ser necesario.
4. Al completar el ejercicio, se discutirá el mismo en la sesión.

MI AUTOESTIMA

Autoestima es cómo nos sentimos con nosotros mismos. En ocasiones nos sentimos mal con nosotros, que pudiera llevarnos a sentir una autoestima baja. Pero, en otras ocasiones nos sentimos bien y somos felices con quienes somos, autoestima alta.

Piensa y contesta:

1. ¿Cómo está mi autoestima? ¿Por qué?

_____

_____

_____

_____

2. ¿Cómo me siento conmigo mismo ahora?

_____

_____

_____

_____

3. ¿Qué me dicen los demás de cómo soy?

_____

_____

_____

_____

4. ¿En algún momento he cambiado? ¿Cómo lo sé o cómo lo supe?

_____

_____

_____

_____

AUTOCONOCIMIENTO

Tema: Autoestima

Meta: Identificar fortalezas y áreas a trabajar, además de evaluar estrategias para cambiarlas.

Materiales:

1. Salón u oficina
2. Hoja de ejercicio: *Autoconocimiento*
3. Hoja de papel tamaño 8.5" x 11" en blanco
4. Tablero para fijar el papel
5. Lápices o bolígrafos

Procedimientos:

1. El profesional le pedirá al cliente que lea las instrucciones y complete el ejercicio.
2. Se proveerá papel en blanco adicional, de ser necesario.
3. Al completar el ejercicio, se discutirá el mismo en la sesión.

AUTOCONOCIMIENTO

Instrucciones:

Lee y contesta.

1. ¿Qué cosas no me gustan de mí?

_____

_____

_____

2. ¿Qué cosas me gustan de mí?

_____

_____

_____

3. ¿Qué cosas entiendo no puedo mejorar?

_____

_____

_____

4. ¿Qué cosas entiendo puedo mejorar?

_____

_____

_____

5. ¿Qué cosas no sé cómo mejorar?

_____

_____

_____

¿QUIÉN SOY YO?

Tema: Autoestima

Meta: Reconocer lo positivo en sí mismo.

Materiales:

1. Salón u oficina
2. Hoja de ejercicio: *¿Quién Soy?*
3. Hoja de papel tamaño 8.5" x 11" en blanco
4. Tablero para fijar el papel
5. Lápices o bolígrafos

Procedimientos:

1. El profesional le pedirá al cliente que lea las instrucciones y complete el ejercicio.
2. Se proveerá papel en blanco adicional, de ser necesario.
3. Al completar el ejercicio, se discutirá el mismo en la sesión.

¿QUIÉN SOY YO?

Instrucciones:

Lea y complete cada las frases mencionadas más adelante y complete cada una en un pensamiento (o burbuja) diferente.

1. Lo que me gusta
2. Lo que me disgusta
3. Mis metas.
4. Soy una persona.
5. Soy único por…

MI ESPEJO

Tema: Autoestima

Meta: Reconocer cómo el nivel de autoestima y qué puede hacer para mejorarla.

Materiales:

1. Salón u oficina
2. Hoja de ejercicio: *Mi Espejo*
3. Hoja de papel tamaño 8.5" x 11" en blanco
4. Tablero para fijar el papel
5. Lápices o bolígrafos

Procedimientos:

1. El profesional le pedirá al cliente que complete el ejercicio.
2. Se proveerá papel en blanco adicional, de ser necesario.
3. Al completar el ejercicio, se discutirá el mismo en la sesión.

MI ESPEJO

Escribe dentro del espejo:

¿A quién te gustaría ver en el espejo? ¿Por qué? ¿Qué ves?

MIS EMOCIONES

Tema: Las emociones

Meta: Reconocer las emociones y la forma en que las maneja.

Materiales:

1. Salón u oficina
2. Hoja de ejercicio: *Mis Emociones*
3. Hoja de papel tamaño 8.5" x 11" en blanco
4. Tablero para fijar el papel
5. Lápices o bolígrafos

Procedimientos:

1. El profesional le explicará al cliente que son las emociones.
2. El profesional le pedirá al cliente que lea las instrucciones y complete el ejercicio.
3. Se proveerá papel en blanco adicional, de ser necesario.
4. Al completar el ejercicio, se discutirá el mismo en la sesión.

MIS EMOCIONES

Instrucciones: Identifica la emoción e indica cuando la haz experimentado.

LIBERA EL CORAJE

Tema: Las emociones

Meta: Reconocer cómo manifiesta las emociones ante las diversas situaciones.

Materiales:

1. Salón u oficina
2. Hoja de ejercicio: *Libera el Coraje*
3. Hoja de papel tamaño 8.5" x 11" en blanco
4. Tablero para fijar el papel
5. Lápices o bolígrafos

Procedimientos:

1. El profesional le pedirá al cliente que lea las instrucciones y complete el ejercicio.
2. Se proveerá papel en blanco adicional, de ser necesario.
3. Al completar el ejercicio, se discutirá el mismo en la sesión.

LIBERA EL CORAJE

Instrucciones: Lee y completa cada oración.

Lo que más me molesta:

Durante el coraje me siento…

Luego me siento:

Podría trabajarlo mejor si:

REGISTRO DE EMOCIONES

Tema: Las emociones

Meta: Reconocer las emociones diarias y evaluarlas, para poderlas manejar adecuadamente.

Materiales:

1. Salón u oficina
2. Hoja de ejercicio: *Registro de Emociones*
3. Hoja de papel tamaño 8.5" x 11" en blanco
4. Tablero para fijar el papel
5. Lápices o bolígrafos

Procedimientos:

1. El profesional le pedirá al cliente que lea las instrucciones y complete el ejercicio durante la semana.
2. Se proveerá papel en blanco adicional, de ser necesario.
3. Durante la próxima sesión se discutirá el ejercicio.

REGISTRO DE EMOCIONES

Instrucciones: Contesta durante la semana y tráelo a la próxima sesión.

EMOCIÓN	DURACIÓN	INTENSIDAD	¿QUÉ PASÓ?

MANEJAR EL CORAJE

Tema: Las emociones

Meta: Comenzar a manejar adecuadamente las emociones, mediante la identificación y práctica de destrezas particulares.

Materiales:

1. Salón u oficina
2. Hoja de ejercicio: *Manejar el Coraje*
3. Hoja de papel tamaño 8.5" x 11" en blanco
4. Tablero para fijar el papel
5. Lápices o bolígrafos

Procedimientos:

1. El profesional le pedirá al cliente que lea en voz alta cada una de las estrategias.
2. Se discutirán y realizarán juego de roles para practicarlas.
3. Luego se debe propiciar una discusión sobre ellas, para aclarar dudas y consolidar el conocimiento.

MANEJAR EL CORAJE

Instrucciones: Lee y discute.

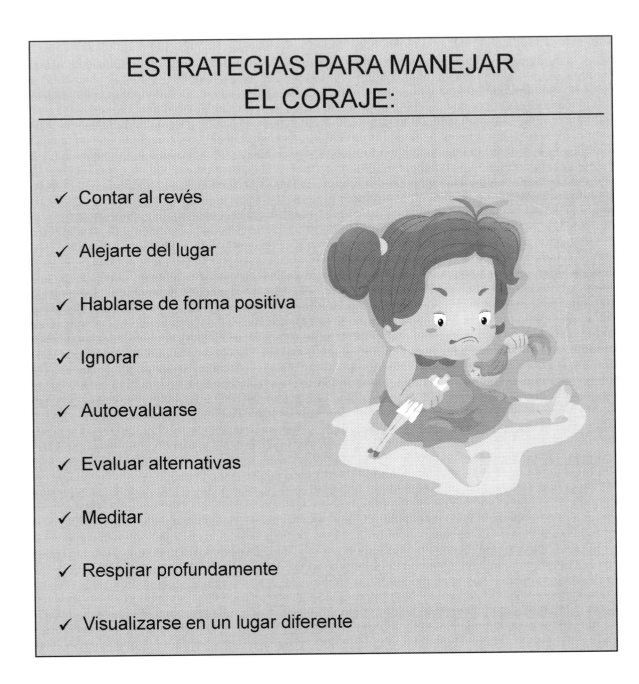

ESTRATEGIAS PARA MANEJAR EL CORAJE:

✓ Contar al revés

✓ Alejarte del lugar

✓ Hablarse de forma positiva

✓ Ignorar

✓ Autoevaluarse

✓ Evaluar alternativas

✓ Meditar

✓ Respirar profundamente

✓ Visualizarse en un lugar diferente

MIS AUTOVERBALIZACIONES POSITIVAS

Tema: Destrezas sociales

Meta: Utilizar las autoverbalizaciones para comenzar a ser más asertivo en situaciones sociales.

Materiales:

1. Salón u oficina
2. Hoja de ejercicio: *Mis Autoverbalizaciones Positivas*
3. Hoja de papel tamaño 8.5" x 11" en blanco
4. Tablero para fijar el papel
5. Lápices o bolígrafos

Procedimientos:

1. El profesional le pedirá al cliente que lea las instrucciones y complete el ejercicio.
2. Se proveerá papel en blanco adicional, de ser necesario.
3. Al completar el ejercicio, se discutirá el mismo en la sesión.

MIS AUTOVERBALIZACIONES POSITIVAS

Instrucciones: Contesta en el recuadro.

COSAS POSITIVOS SOBRE MÍ:

LO QUE ME HACE SENTIR BIEN

Tema: Destrezas sociales

Meta: Reconocer limitaciones y fortalezas en las situaciones sociales.

Materiales:

1. Salón u oficina
2. Hoja de ejercicio: *Lo que Me Hace Sentir Bien*
3. Hoja de papel tamaño 8.5" x 11" en blanco
4. Tablero para fijar el papel
5. Lápices o bolígrafos

Procedimientos:

1. El profesional le pedirá al cliente que lea las instrucciones y complete el ejercicio.
2. Se proveerá papel en blanco adicional, de ser necesario.
3. Al completar el ejercicio, se discutirá el mismo en la sesión.

LO QUE ME HACE SENTIR BIEN

Instrucciones: Contesta en cada pensamiento o burbuja.

LAS COSAS QUE ME LLENAN Y ME HACEN SENTIR BIEN:

HACIA EL FUTURO

Tema: Destrezas sociales

Meta: Minimizar el estrés en situaciones sociales difíciles.

Materiales:

1. Salón u oficina
2. Hoja de ejercicio: *Hacia el Futuro*
3. Hoja de papel tamaño 8.5" x 11" en blanco
4. Tablero para fijar el papel
5. Lápices o bolígrafos

Procedimientos:

1. El profesional le pedirá al cliente que lea las instrucciones y complete el ejercicio.
2. Se proveerá papel en blanco adicional, de ser necesario.
3. Al completar el ejercicio, se discutirá el mismo en la sesión.

HACIA EL FUTURO

Instrucciones: Lee y contesta.

Mi lugar favorito y donde me gustaría estar
es:_____. Dibújalo.

MIS DESTREZAS SOCIALES

Tema: Destrezas sociales

Meta: Reconocer las destrezas sociales, sus limitaciones y fortalezas.

Materiales:

1. Salón u oficina
2. Hoja de ejercicio: *Mis Destrezas Sociales.*
3. Hoja de papel tamaño 8.5" x 11" en blanco
4. Tablero para fijar el papel
5. Lápices o bolígrafos

Procedimientos:

1. El profesional le pedirá al cliente que lea las instrucciones y complete el ejercicio.
2. Se proveerá papel en blanco adicional, de ser necesario.
3. Al completar el ejercicio, se discutirá el mismo en la sesión.

MIS DESTREZAS SOCIALES

Instrucciones: Lee y contesta con lo primero que se te ocurra.

1. *Cuando estoy molesto yo*_____
2. *Cuando estoy alegre yo*_____
3. *Sé que perdí el control cuando*_____
4. *Sé que tengo el control cuando*_____
5. *Hago amistades*_____
6. *Mis amigos*_____
7. *Tengo miedo cuando*_____
8. *Cuando tengo un problema yo*_____
9. *Ahora mismo quisiera*_____
10. *Soy importante por*_____
11. *Sé que puedo cuando*_____
12. *Si se burlan de mí yo*_____
13. *Cuando me molestan yo*_____
14. *La persona que más me ayuda es*_____
15. *A quién más quiero es a*_____
16. *Lo quiero más por*_____
17. *A quién menos quiero es a*_____
18. *Lo quiero menos por*_____
19. *Mis maestros*_____
20. *Mis compañeros*_____
21. *Mi escuela*_____
22. *Mi casa*_____
23. *Mis padres*_____
24. *Mi familia*_____
25. *Mis hermanos*_____
26. *Lo que más amo*_____

27. Lo que menos amo_____

26. Yo soy_____

27. El futuro_____

28. Mi alrededor es_____

29. Mis metas_____

30. Algo importante es_____

31. Lo que más deseo es_____

32. Lo mejor de mí_____

33. Lo peor de mí_____

34. Lo que cambiaría de mí_____

35. A quién más admiro es_____

36. A quién menos deseo ver es a_____

37. Lo mejor que me ha pasado es_____

38. Lo peor que me ha pasado es_____

DRA. MARÍA M. MENDOZA-RODRÍGUEZ, PSY.D.

MI RED DE APOYO

Tema: Destrezas sociales

Meta: Identificar redes de apoyo, para poder acudir en momentos difíciles.

Materiales:

1. Salón u oficina
2. Hoja de ejercicio: *Mi Red de Apoyo*
3. Hoja de papel tamaño 8.5" x 11" en blanco
4. Tablero para fijar el papel
5. Lápices o bolígrafos

Procedimientos:

1. El profesional le pedirá al cliente que lea las instrucciones y complete el ejercicio.
2. Se proveerá papel en blanco adicional, de ser necesario.
3. Al completar el ejercicio, se discutirá el mismo en la sesión.

MI RED DE APOYO

Instrucciones: Lee y contesta.

1. Actualmente mi red de apoyo es:

_____

_____

_____

2. Me gustaría ampliar mi red de apoyo, a quién puedo considerar es:

_____

_____

_____

3. No he acudido a esta persona por:

_____

_____

_____

4. Lo que más temor me da, de buscar las personas o contarle lo que me pasa es:

_____

_____

_____

5. Cómo puedo ampliar mi red de apoyo y quienes serían:

_____

_____

_____

MIS AMISTADES

Tema: Destrezas sociales

Meta: Ampliar y evaluar destrezas de socialización con su grupo de pares.

Materiales:

1. Salón u oficina
2. Hoja de ejercicio: *Mis Amistades*
3. Hoja de papel tamaño 8.5" x 11" en blanco
4. Tablero para fijar el papel
5. Lápices o bolígrafos

Procedimientos:

1. El profesional le pedirá al cliente que lea las instrucciones y complete el ejercicio.
2. Se proveerá papel en blanco adicional, de ser necesario.
3. Al completar el ejercicio, se discutirá el mismo en la sesión.

MIS AMISTADES

Instrucciones: Lee y contesta.

1. ¿Qué significa para ti la amistad?

_____

_____

_____

2. ¿Cómo sabes si tu amigo es buen amigo?

_____

_____

_____

3. ¿Qué actitudes debe tener un buen amigo?

_____

_____

_____

4. ¿Qué actitudes no debe tener un buen amigo?

_____

_____

_____

MI FAMILIA

Tema: Destrezas sociales

Meta: Reconocer y evaluar limitaciones y fortalezas en el ámbito familiar.

Materiales:

1. Salón u oficina
2. Hoja de ejercicio: *Mi Familia*
3. Hoja de papel tamaño 8.5" x 11" en blanco
4. Tablero para fijar el papel
5. Lápices o bolígrafos

Procedimientos:

1. El profesional le pedirá al cliente que lea las instrucciones y complete el ejercicio durante la semana.
2. El ejercicio consta de entrevistar un miembro de su familia, para evaluar la dinámica familiar.
2. Se proveerá papel en blanco adicional, de ser necesario.
3. Durante la próxima sesión se discutirá el ejercicio.

MI FAMILIA

Instrucciones: Realizar una entrevista a un miembro significativo de tu familia, puede ser tu papá, tu mamá o la persona que te cuida. Luego evalúa qué piensas de lo que te dijeron y escribe en el recuadro al final.

Miembro entrevistado: _____

Relación: _____

Fecha: _____

1. ¿Cuál entiendes es mi problema (nombre tuyo)?

_____
_____
_____

2. ¿Cómo entiendes que se puede manejar?

_____
_____
_____

3. ¿Qué consecuencias entiendes tendría si se maneja de esa manera?

_____
_____
_____

4. ¿Qué obstáculos puedo encontrar al tratar de resolver esa situación?

_____
_____
_____

5. ¿Cómo entiendes puedo manejar esos obstáculos?

RELACIÓN FAMILIAR

Tema: Destrezas sociales

Meta: Evaluar dinámicas familiares, sus limitaciones y fortalezas, para identificar recursos de apoyo.

Materiales:

1. Salón u oficina
2. Hoja de ejercicio: *Relación Familiar*
3. Hoja de papel tamaño 8.5" x 11" en blanco
4. Tablero para fijar el papel
5. Lápices o bolígrafos

Procedimientos:

1. El profesional le pedirá al cliente que lea las instrucciones y complete el ejercicio.
2. Se proveerá papel en blanco adicional, de ser necesario.
3. Al completar el ejercicio, se discutirá el mismo en la sesión; con especial énfasis en las limitaciones familiares y fortalezas, llevando al cliente a identificar redes o recursos de apoyo y manejo ante diversas situaciones.

RELACIÓN FAMILIAR

Instrucciones:

Realiza un dibujo de cómo entiendes se trata tu familia y explícalo.

MIS DERECHOS

Tema: Destrezas sociales

Meta: Evaluar los derechos, para que el cliente gane confianza en las dinámicas interpersonales.

Materiales:

1. Salón u oficina
2. Hoja de ejercicio: *Mis Derechos*
3. Hoja de papel tamaño 8.5" x 11" en blanco
4. Tablero para fijar el papel
5. Lápices o bolígrafos

Procedimientos:

1. El profesional le pedirá al cliente que lea en voz alta cada uno de sus derechos, además se le requiere que añada otros que entienda sean justos.
2. Se discutirán y evaluarán cada uno de ellos durante la sesión.
3. Luego se debe propiciar una discusión sobre ellos, para aclarar dudas y consolidar el conocimiento.

MIS DERECHOS

Instrucciones:

Lee y completa.

TENGO EL DERECHO A:

1. Ser tratado de forma en que no dañen mi dignidad.

2. Ser tratado con respeto.

3. Negarme ante lo que no deseo y me perjudica.

4. Manifestar abiertamente mis sentimientos.

5. Tener mis propios pensamientos.

6. Tener una opinión y poder cambiarla.

7. Pedir lo que entiendo es justo.

8. Pedir ayuda cuando lo necesite.

9. Estar a salvo y seguro.

10. Tener las necesidades básicas.

A qué otras cosas piensas que tienes derecho:

_____

_____

_____

MIS DEBERES

Tema: Destrezas sociales

Meta: Reconocer e identificar los deberes del cliente, de modo que este claro cual es su rol en su medioambiente.

Materiales:

1. Salón u oficina
2. Hoja de ejercicio: *Mis Deberes*
3. Hoja de papel tamaño 8.5" x 11" en blanco
4. Tablero para fijar el papel
5. Lápices o bolígrafos

Procedimientos:

1. El profesional le pedirá al cliente que lea las instrucciones y complete el ejercicio.
2. Se proveerá papel en blanco adicional, de ser necesario.
3. Al completar el ejercicio, se discutirá el mismo en la sesión.

MIS DEBERES

Instrucciones: Lee y contesta.

DEBERES

1. Tengo el deber de ir a la escuela y estudiar.

Menciona que otros deberes tienes.

_____

_____

_____

_____

_____

_____

_____

_____

_____

_____

_____

_____

_____

EL MILAGRO

Tema: Solución de conflictos

Meta: Reconocer problemas actuales y comenzar a buscarles solución.

Materiales:

1. Salón u oficina
2. Hoja de ejercicio: *El Milagro*
3. Hoja de papel tamaño 8.5" x 11" en blanco
4. Tablero para fijar el papel
5. Lápices o bolígrafos

Procedimientos:

1. El profesional le pedirá al cliente que lea las instrucciones y complete el ejercicio.
2. Se proveerá papel en blanco adicional, de ser necesario.
3. Al completar el ejercicio, se discutirá el mismo en la sesión.

EL MILAGRO

Instrucciones:

Imagínate que te acuestes a dormir una noche. Mientras dormías ocurre un milagro y al levantarte todos tus problemas desaparecen. ¿Qué te gustaría que haya cambiado? ¿Qué diferencias habría? ¿Cómo te darías cuenta?

MIS PROBLEMAS

Tema: Solución de conflictos

Meta: Reconocer cómo se han resuelto los problemas en el pasado, de modo que se pueda evaluar lo efectivo y no efectivo de las destrezas empleadas.

Materiales:

1. Salón u oficina
2. Hoja de ejercicio: *Mis Problemas*
3. Hoja de papel tamaño 8.5" x 11" en blanco
4. Tablero para fijar el papel
5. Lápices o bolígrafos

Procedimientos:

1. El profesional le pedirá al cliente que lea las instrucciones y complete el ejercicio.
2. Se proveerá papel en blanco adicional, de ser necesario.
3. Al completar el ejercicio, se discutirá el mismo en la sesión.

MIS PROBLEMAS

Instrucciones:

Lee y contesta.

1. Piensa en un problema que hayas tenido, ¿Cómo lo manejaste?

_____

_____

_____

2. ¿Cómo evalúas tu acción? ¿Entiendes que estuvo correcta o incorrecta? ¿Por qué?

_____

_____

_____

3. ¿Qué harías diferente?

_____

_____

_____

4. ¿Qué resultado entiendes tendría? ¿Por qué?

_____

_____

_____

EVENTO NEGATIVO

Tema: Solución de conflictos

Meta: Reconocer dificultades en la toma de decisiones.

Materiales:

1. Salón u oficina
2. Hoja de ejercicio: *Evento Negativo*
3. Hoja de papel tamaño 8.5" x 11" en blanco
4. Tablero para fijar el papel
5. Lápices o bolígrafos

Procedimientos:

1. El profesional le pedirá al cliente que lea las instrucciones y complete el ejercicio.
2. Se proveerá papel en blanco adicional, de ser necesario.
3. Al completar el ejercicio, se discutirá el mismo en la sesión.

EVENTO NEGATIVO

Instrucciones: Lee y contesta, pensando en un evento negativo en tu vida.

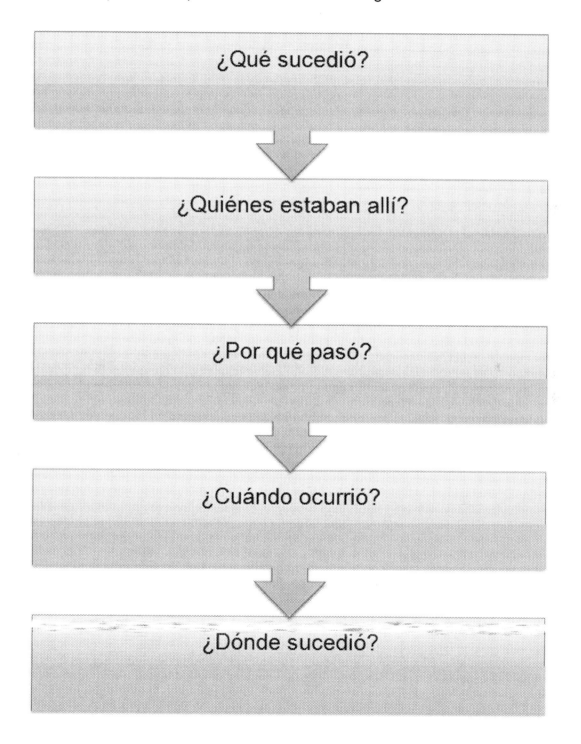

RESOLVIENDO PROBLEMAS

Tema: Solución de conflictos

Meta: Adquirir destrezas nuevas para tomar decisiones.

Materiales:

1. Salón u oficina
2. Hoja de ejercicio: *Resolviendo Problemas*
3. Hoja de papel tamaño 8.5" x 11" en blanco
4. Tablero para fijar el papel
5. Lápices o bolígrafos

Procedimientos:

1. El profesional le pedirá al cliente que lea las instrucciones y complete el ejercicio.
2. Se proveerá papel en blanco adicional, de ser necesario.
3. Al completar el ejercicio, se discutirá el mismo en la sesión.

RESOLVIENDO PROBLEMAS

Instrucciones: Lee y contesta, pensando en el problema que te trajo aquí.

¿Cuál es el problema?

⬇

¿Qué alternativas tienes?

⬇

¿Cuáles podrían ser las posibles consecuencias de tus alternativas? Positivas y negativas.

⬇

¿Cuál entiendes es la mejor? ¿Por qué?

⬇

¿Qué sucedió luego que la implementastes?

ESCUCHAR CORRECTAMENTE

Tema: Solución de conflictos y destrezas sociales

Meta: Reconocer y ampliar las limitaciones y fortalezas al escuchar, de modo que impacten de forma positiva la solución de conflictos y las destrezas sociales.

Materiales:

1. Salón u oficina
2. Hoja de ejercicio: *Escuchar Correctamente*
3. Hoja de papel tamaño 8.5" x 11" en blanco
4. Tablero para fijar el papel
5. Lápices o bolígrafos

Procedimientos:

1. El profesional le pedirá al cliente que lea en voz alta cada una de las destrezas necesarias para escuchar correctamente.
2. Se discutirán y evaluarán cada uno de ellas.
3. Luego se realizará un juego de roles, para aclarar dudas y consolidar el conocimiento.

ESCUCHAR CORRECTAMENTE

Instrucciones: Lee.

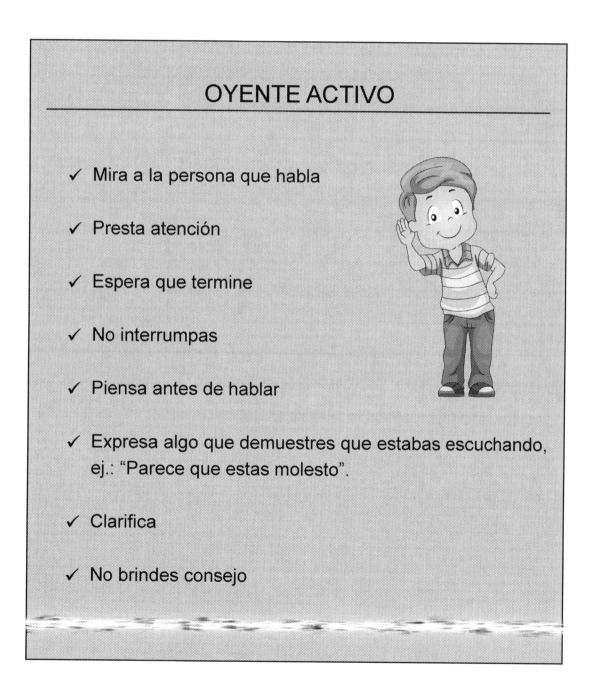

OYENTE ACTIVO

✓ Mira a la persona que habla

✓ Presta atención

✓ Espera que termine

✓ No interrumpas

✓ Piensa antes de hablar

✓ Expresa algo que demuestres que estabas escuchando, ej.: "Parece que estas molesto".

✓ Clarifica

✓ No brindes consejo

MIS PENSAMIENTOS

Tema: Los pensamientos

Meta: Reconocer y evaluar las distorsiones en el pensamiento; de modo que el cliente pueda modificarlos y tenga un impacto en su conducta.

Materiales:

1. Salón u oficina
2. Hoja de ejercicio: *Mis Pensamientos*
3. Hoja de papel tamaño 8.5" x 11" en blanco
4. Tablero para fijar el papel
5. Lápices o bolígrafos

Procedimientos:

1. Se debe explicar al cliente cómo funciona el ABC de Aaron Beck.
2. Luego preguntarle a ver si comprendió correctamente.
3. El profesional le pedirá al cliente que complete el ejercicio.
2. Se proveerá papel en blanco adicional, de ser necesario.
3. Al completar el ejercicio, se discutirá el mismo en la sesión.

MIS PENSAMIENTOS

Instrucciones:

Piensa en una situación reciente que hayas tenido, añada el evento (A), el pensamiento (B) y la conducta o consecuencia (C), en cada una de las franjas correspondientes.

REGISTRO DE PENSAMIENTOS

Tema: Los pensamientos

Meta: Reconocer y evaluar las distorsiones en el pensamiento; de modo que el cliente pueda modificarlos y tenga un impacto en su conducta.

Materiales:

1. Salón u oficina
2. Hoja de ejercicio: *Registro de Pensamientos*
3. Hoja de papel tamaño 8.5" x 11" en blanco
4. Tablero para fijar el papel
5. Lápices o bolígrafos

Procedimientos:

1. El profesional le pedirá al cliente que lea las instrucciones y complete el ejercicio durante la semana.
2. Se proveerá papel en blanco adicional, de ser necesario.
3. Durante la próxima sesión se discutirá el ejercicio.

REGISTRO DE PENSAMIENTOS

Instrucciones: Contesta durante la semana y tráelo a la sesión.

PENSAMIENTO	POSITIVO	NEGATIVO	EFECTO EN TU VIDA

MI NUEVA HISTORIA

Tema: Consolidación de conocimiento

Meta: El cliente logrará realizar una nueva historia de su vida.

Materiales:

1. Salón u oficina
2. Hoja de ejercicio: *Mi Nueva Historia*
3. Hoja de papel tamaño 8.5" x 11" en blanco
4. Tablero para fijar el papel
5. Lápices o bolígrafos

Procedimientos:

1. El profesional le pedirá al cliente que lea las instrucciones y complete el ejercicio.
2. Se proveerá papel en blanco adicional, de ser necesario.
3. Al completar el ejercicio, se discutirá el mismo en la sesión.

MI NUEVA HISTORIA

Instrucciones: Lee y contesta

Mi nombre es _____ y tengo _____ años de edad.
Voy a la escuela _____, estoy en el _____
_____ grado y vivo con _____.
Atravesaba varios problemas, de los cuales uno era _____.
Sobre esa situación pensaba _____, me sentía
_____ y actuaba _____. Pero ahora eso ha
_____, en este momento pienso _____, actúo
_____ y me siento _____. He
aprendido varias destrezas, entre la más que me gustó es _____
_____. Ahora tengo otras redes de apoyo que
son _____. Me he convertido en una persona _____
_____. Mis fortalezas han _____, en
específico he adquirido herramientas en el área de _____
y me he convertido en _____.
Le doy gracias a _____. Espero alcanzar la meta de
_____. Confió en que _____
_____. Un mensaje que me daría ahora a mí mismo es _____
_____.

MI CARTA

Tema: Consolidar el conocimiento

Meta: Desarrollar una narrativa positiva hacia sí mismo.

Materiales:

1. Salón u oficina
2. Hoja de ejercicio: *Mi Carta*
3. Hoja de papel tamaño 8.5" x 11" en blanco
4. Tablero para fijar el papel
5. Lápices o bolígrafos

Procedimientos:

1. El profesional le pedirá al cliente que realice una carta hacia sí mismo en este momento de su vida, dejando todo lo que ha vivido atrás, como se ve y se siente en la actualidad.
2. Se proveerá papel en blanco adicional, de ser necesario.
3. Al completar el ejercicio, se discutirá el mismo en la sesión.

MI CARTA

Instrucciones:

Realiza una carta hacia ti mismo en este momento de tu vida, dejando todo lo que has vivido atrás, como te ves y te sientes en la actualidad.

MI PROCESO DE TERAPIA

Tema: Consolidar el conocimiento

Meta: Evaluar evolución y logros en el tratamiento.

Materiales:

1. Salón u oficina
2. Hoja de ejercicio: *Mi Proceso de Terapia*
3. Hoja de papel tamaño 8.5" x 11" en blanco
4. Tablero para fijar el papel
5. Lápices o bolígrafos

Procedimientos:

1. El profesional le pedirá al cliente que lea las instrucciones y complete el ejercicio.
2. Se proveerá papel en blanco adicional, de ser necesario.
3. Al completar el ejercicio, se discutirá el mismo en la sesión.

MI PROCESO DE TERAPIA

Completa.

Al iniciar me sentía:

1.

2.

3.

Ahora me siento:

1

2.

3.

Cosas negativos antes en mi vida:

1.

2.

3.

Cambios positivos en mi vida ahora:

1

2.

3.

Metas trabajadas:

1.

2.

3.

Metas por trabajar:

1

2.

3.

RECUERDA QUE ERES EL

ARTISTA DE TU VIDA Y TU

PUEDES PINTAR UN FUTURO

DIFERENTE.

REFERENCIAS

Albores-Gallo, L., Sauceda-García, J., Ruiz-Velasco, S., & Roque-Santiago, E. (2011). Bullying and its association with psychiatric disorders in a Mexican students sample. *Salud Pública De México, 53*(3), 220-227.

Aluede, O. (2011). Managing bullying problems in Nigerian secondary schools: Some interventions for implementation. *Bangladesh E-Journal of Sociology, 8*(2), 60-68.

American Psychologist (2011). Dan Olweus: Award for distinguished contributions to the international advancement of psychology (2011). *American Psychologist, 66*(8), 814-816. doi: 10.1037/a0025698

Brown, E. C., Low, S., Smith, B. H., & Haggerty, K. P. (2011). Outcomes from a school-randomized controlled trial of steps to respect: A bullying prevention program. *School Psychology Review, 40*(3), 423-443.

Bunge, E., Gomar, M. & Mandil, J. (2010). *Terapia Cognitiva con Niños y Adolescentes:* Aportes Técnicos, (2nd.ed.). Paraguay, Buenos Aires: Libería Akadia Editorial.

Butler, J., & Platt, R. (2008). Bullying: A family and school system treatment model. *The American Journal of Family Therapy, 36*, 18-29. doi: 10.1080/01926180601057663

Carlyle, K., & Steinman, K. (2007). Demographic differences in the prevalence, co-occurrence and correlates of adolescent bullying at school. *The Journal of School Health, 77*(9), 623-629. doi: 10.1186/1745-0179-1-22

Cassidy, T. (2009). Bullying and victimization in school children: The role of social identity, problem-solving style, and family and school context. *School Psychology of Education, 12*(1), 63-76. doi: 10.1007/s11218-008-9066-y

Castillo-Rocha, C., & Pacheco-Espejel, M. (2008). Perfil del maltrato (bullying) entre estudiantes de secundaria en la ciudad de Mérida, Yucatán. *Revista Mexicana de Investigación Educativa, 13*(38), 825-842.

Caurcel, M., & Almeida, A. (2008). La perspectiva moral de las relaciones de victimización entre iguales: un análisis exploratorio de las atribuciones de adolescentes españoles y portugueses. *European Journal of Education and Psychology, 1*(1), 51-68.

Cenkseven Onder, F., & Yurtal, F. (2008). An investigation of the family characteristics of bullies, victims, and positively behaving adolescents. *Educational Sciences: Theory and Practice, 8*(3), 821-832.

Cerezo, F., & Ato, M. (2010). Social status, gender, classroom climate and bullying among adolescents pupils. *Anales de Psicología, 26*(1), 137-144.

Chan, P.C. (2009). Psychosocial implications of homophobic bullying in schools: A review and directions for legal research and the legal process. *The International Journal of Human Rights, 13*(2-3), 143-175. DOI: 10.1080/13642980902789403

Charleman, R. (2008). *Déficit de Atención y Problemas de Aprendizaje: Manual de Estrategias e Información.* Caguas, PR: Ediciones Nape.

Colorado Department of Education, Fast Facts (2011). Evidence based practices in school mental health: Bully prevention and intervention. Retrieved from: http://www.cde.state. co.us/cdesped/download/pdf/FF-EBP_MH_BullyPrevention Intervention.pdf

Couvillon, M. A., & Ilieva, V. (2011). Recommended practices: A review of schoolwide preventative programs and strategies on cyberbullying. *Preventing School Failure, 55*(2), 96-101. doi:10.1080/1045988X.2011.539461

Craig, W., & Pepler, D. (2007). Understanding bullying: From research to practice. *Canadian Psychology/Psychology Comedienne, 48*(2), 86-93. doi: 10.1037/cp2007010

Curriculum Review (2006). Tips for effective bullying intervention. *Paper Clip Communication, 45*(5), 6-7. Recuperado de http://www.eric.ed.gov/ERICWebPortal/ search/detailmini. jsp?_nfpb=true&_&ERICExtSearch_SearchValue_0=EJ726424&ERICExtSearc h_SearchType_0=no&accno=EJ726424

Davis, S., & Nixon, C. (2011). What students say about bullying. *Educational Leadership, 69*(1), 18-23.

DiBasilio, A. (2008). Reducing bullying in middle school students through the use of student-leaders. (Tesis de Maestría). Recuperado de http://www.eric.ed.gov/PDFS/ ED501251.pdf

Farmer, T.W., Petrin, R.A., Robertson, D.L., Fraser, M.W., Hall, C.M., Day, S.H., & Dadisman, K. (2010). Bullies, bully-victims, and victims: The two social worlds of bullying in second-grade classrooms. *The Elementary School Journal, 110*(3), 364-392. doi: 10.1086/648983.

Garaigordobil, M., & Oñederra, J. (2010). Inteligencia emocional en las víctimas de acoso escolar y en los agresores. *European Journal of Education and Psychology, 3*(2), 243-256.

Gómez, A., Gala, FJ., Lupiani, M., Bernalte, A., Miret, MT, Lupiani, S., & Barreto, MC. (2007). El "bullying" y otras formas de violencia adolescente. *Cuad Med Forense, 13*(48-49), 165-177. Recuperado de http://scielo.isciii.es/pdf/cmf/n48-49/art05.pdf

Guerra, N. G., Williams, K. R., & Sadek, S. (2011). Understanding bullying and victimization during childhood and adolescence: A mixed methods study. *Child Development, 82*(1), 295-310. doi:10.1111/j.1467-8624.2010.01556.x

Hall, K. (2006). Solving problems together: A psychoeducational group model for victims of bullies. *The Journal for Specialists in Group Work, 31*(3), 201-217. doi: 10.1080/01933920600777790

Hazelden Foundation (2011). *Bullying is a serious issue.* Recuperado de: http://www. violencepreventionworks.org/ public/bullying.page

Heath, M., Moulton, E., Dyches, T., Prater, M., & Brown, A. (2011). Strengthening elementary school bully prevention with bibliotherapy. *Communiqué Online, 39*(8), 12-14. Recuperado de http://web.ebscohost.com/ ehost/pdfviewer/pdfviewer?vid=52&hid=1 26&sid=1fc04ce8-f70d-4bb5-8c3b-7739e0b3bd08%40session mgr104

Hernández, T. (2009). A socio-ecological perspective on bullying: A new synthesis. *Revista Internacional de Sociología, 67*(3), 631-654. doi: 10.3989/ris.2008.11.22

Highmark Foundation (2009). Bullying prevention: a statewide collaborative that works. Pittsburgh, PA: Mattew Masiello. Recuperado de http://www.highmarkhealthyhigh5. org/ pdfs/bullying_report_111709.pdf

Holmquist, J. (2011). Use positive strategies to protect your child with a disability from bullying. *Exceptional Parent, 41*(12), 32-34. Recuperado de http://web.ebscohost. com/ ehost/pdfviewer/pdfviewer?vid=12&hid=126&sid=1fc04ce8-f70d-4bb5-8c3b-7739e0b3bd08%40sessionmgr104

Holt, M., Finkelhor, D., & Kantor, G. (2007). Hidden forms of victimization in elementary students involved in bullying. *School Psychology Review, 36*(3), 345-360. Recuperado de http://www.nasponline.org/ publications/spr/pdf/spr363holt.pdf

Kaloyirou, C., & Lindsay, G. (2008). The self-perceptions of bullyies in Cyprus primary schools. *European Journal of Special Needs Education, 23*(3), 223-235. doi: 10.1080/08856250802130426

Kim, M., Catalano, R., Haggerty, K., & Abbott, R. (2011). Bullying at elementary school and problem behavior in young adulthood: a study of bullying, violence and substance use from age 11 to age 21. *Criminal Behavior and Mental Health: CBMH, 21*(2), 136-144. doi:10.1002/cbm.804

Korakidi, D., Kotrotsiou, S., Misiou, G., Kourkoutas, E., Paralikas, T, Georgitziki, G., & Rizoulis, A. (2009). Students' victimization at school in relation to their personality. *International Journal of Caring Sciences, 2*(1), 43-60. Recuperado de http://www.caringsciences. org/volume002/issue1/ Vol2_Issue1_05_Korakidi.pdf

Lavilla Cerdán, L. (2011, Febrero). Bullying: Estrategias de prevención. *Pedagogía Magna, 11,* 275-287. Recuperado de http://dialnet.unirioja.es/servlet/ articulo?codigo=3629218

Lawrence, G., & Adams, F. (2006). For every bully there is a victim. *American Secondary Education, 35*(1), 66-71. Recuperado de http://www.eric.ed.gov/ERICWebPortal/ search/detailmini.jsp?_nfpb=true&_&ERICExtSearch_SearchValue_0=EJ780524&E RICExtSearch_SearchType_0=no&accno=EJ780524

Ley del Consejo General de Educación de Puerto Rico del 1999. Ley número 37 del P. de la C. 3655, (2008). Recuperado de http://www.lexjuris.com/lexlex/ Leyes2008/ lexl2008037.htm

Ley Orgánica del Departamento de Educación de Puerto Rico del 2008. Ley número 49 del P. de la C. 3942, (2008). Recuperado de http://www.lexjuris.com/lexlex/ Leyes2008/ lexl2008049.htm

Lomas, C. (2007). ¿La escuela es un infierno? Violencia escolar y construcción cultural de la masculinidad. *Revista de Educación, 342,* 83-101. Recuperado de http://www. revistaeducacion.mec.es/re342/ re342_05.pdf

Long, T., & Alexander, K. (2010). Bullying: Dilemmas, definitions and solutions. *Contemporary Issues in Education Research, 3*(2), 29-34.

Márquez-Pérez, C. (2004). *Estrategias para la Prevención de la Violencia en las Comunidades y Escuelas, Serie I.* San Juan, PR: Raíces, Corp.

Martínez, M. (2009). *Desarrollando Destrezas Emocionales y Sociales: Inteligencia Emocional, (2nd. ed.).* San Juan, Puerto Rico: Impresos Quintana.

Mash, E., & Wolfe, D. (2007). *Abnormal child psychology*, (3rd. Ed.). Belmont, CA: Thomson Wadsworth.

Mendoza, B. (2012). *Bullying, Los múltiples rostros del abuso escolar.* Córdova, Argentina: Editorial Pax México.

Morán-Sánchez, C. (2006). Intervención cognitiva-conductual en el acoso escolar: un caso clínico de bullying. *Anuario de Psicología Clínica y de la Salud, 2,* 51-56. Recuperado de: http://institucional.us.es/ apcs/doc/APCS_2_esp_51-56.pdf

Moreno-Jiménez, B., & Gálvez-Herrer, M. (2010). La psicología positiva va a la escuela. Tipica, *Boletín Electrónico de Salud Escolar, 6*(1), 210-220. Recuperado de http://www.psicoapoyoescolar.org/ attachments/054_Tipica_vol6N1_Moreno_psicologia_positiva-1.pdf

Morrison, C. (2008). "What would you do, what if it's you?" Strategies to deal with a bully. *Journal of School Health, 79*(4), 201-204. doi:10.1111/j.1746-1561.2009.00390.x

Musial, S. & Phillips, Z. (2012). *The Kids Manual to Overcoming Bullying and Gaining Self Confidence, with Workbook.* Lexington, KY: Solutions Publishing.

Myers, D. (2005). *Psicología social, (8va ed.).* México, D.F.: McGraw-Hill Interamericana.

Olweus, D. (1993). *Bullying at school.* Malden, MA: Blackwell Publishing Ltd.

Olweus, D. (1997). Bully/victim problems in school: Facts and intervention. *European Journal of Psychology of Education, 12*(4), 495-510.

Olweus, D. (2011). Bullying at school and later criminality: findings from three Swedish community samples of males. *Criminal Behaviour And Mental Health: CBMH, 21*(2), 151-156. doi:10.1002/cbm.806

Olweus, D., & Limber, S. P. (2010). Bullying in School: Evaluation and Dissemination of the Olweus Bullying Prevention Program. *American Journal Of Orthopsychiatry, 80*(1), 124-134. doi:10.1111/j.1939-0025.2010.01015.x

Olweus, D., & Limber, S. P. (2010). The Olweus Bullying Prevention Program: Implementation and evaluation over two decades. In S. R. Jimerson, S. M. Swearer, D. L. Espelage (Eds.). *Handbook of bullying in schools: An international perspective,* (pp. 377-401). New York, NY US: Routledge/Taylor & Francis Group

Pearce, N., Cross, D., Monks, H., Waters, S., & Falconer, S. (2011). Current evidence of best practice in whole-school bullying intervention and its potential to inform cyberbullying interventions. *Australian Journal of Guidance & Counseling, 21*(1), 1-21. doi:10.1375/ajgc.21.1.1

Pepler, D., Craig, W., Connolly, J., Yuile, A., McMaster, L., & Jiang, D. (2006). A developmental perspective on bullying. *Aggressive Behavior, 32*(4), 376-384. Recuperado de http://www.mac-cura.ca/download%20docs/ Papers%20for%20Site/Bullying/Pepler%20et%20al.,%202006.pdf

Povedano, A., Hendry, L. B., Ramos, M. J., & Varela, R. (2011). Victimización escolar: Clima familiar, autoestima y satisfacción con la vida desde una perspectiva de género. (Spanish). *Psychosocial Intervention / Intervención Psicosocial, 20*(1), 5-12. doi:10.5093/in2011v20n1a2

Powell, M., & Ladd, L. (2010). Bullying: A review of the literature and implications for family therapists. *The American Journal of Family Therapy, 38,* 189-206. doi: 10.1080/01926180902961662

Prieto-Quezada, M., Carrillo-Navarro, J., & Jiménez-Mora, J. (2005). La violencia escolar: Un estudio en el nivel medio superior. *Revista Mexicana de Investigación Educativa, 10*(27), 1027-1045. Recuperado de: http://redalyc.uaemex.mx/ redalyc/src/inicio/ArtPdfRed.jsp?iCve=14002704

Quintana, A., Montgomery, W., & Malaver, C. (2009). Modos de afrontamiento y conducta resiliente en adolescentes espectadores de violencia entre pares. *Revista de Investigación en Psicología, 12*(1), 153-171. Recuperado de http://www.scielo.org.pe/pdf/rip/ v12n1/a11v12n1.pdf

Riese, J. (2012, abril). Intervención individual en casos de "bullying". Presentación Oral, American Military Academy, Guaynabo, PR

Rivera Nieves, M. (2011). *Las voces en la adolescencia sobre bullying desde el escenario escolar.* Bloomington, IN: Palibrio.

Rivers, I., & Noret, N. (2010). 'I h8 u' Findings from a five-years study of text and e-mail bullying. *British Educational Reserch Jorunal, 36(4),* 643-671.

Rodríguez-Morales, G. (s.f.). Reflexión: Bullying (acoso escolar). Tijuana, México: Instituto México Primaria. Recuperado de http://maristas.org.mx/gestion/web/ Material_de_Bullying_psic_ma_guadalupe.pdf

Sánchez, A. (2008, Enero). Construcción cultural de la paz desde el entorno escolar: Hacia una cultura de la paz y no violencia contra la infancia. Documento presentado en la Conferencia de la Asociación Iberoamericana de Medicina y Salud Escolar y Universitaria. Recuperado de http://www.saludescolar. net/paginas/doc/noviolencia2008.pdf

Sansone, R. A., & Sansone, L. A. (2008). Bully victims: Psychological and somatic aftermaths. *Psychiatry, 5*(6), 62-64. Recuperado de http://www.ncbi.nlm.nih.gov/pmc/ articles/ PMC2695751/

Sattler, J., & Hoge, R. (2008). *Evaluación infantil: Aplicaciones conductuales, sociales y clínicas.* México, D.F.: Editorial El Manual Moderno.

Snakenborn, J., Van Acker, R., & Gable, R. (2011). Cyberbullying: Prevention and intervention to protect our children and youth. *Preventing School Failure, 55*(2), 88-95. doi: 10.1080/1045988X.2011.539454

Stuart-Cassel, V., Bell, A., Springer, J., & Office of Planning, E. (2011). Analysis of State, bullying laws and policies. *Office of Planning, Evaluation and Policy Development, US Department of Education.* Recuperado de http://www.eric.ed.gov/PDFS/ED527524. pdf

Substance Abuse and Mental Health Services Administration Center for Substance Abuse Prevention (SAMHSA), (2004). CSAP's prevention pathways: Online courses. *The ABCs of bullying addressing, blocking, and curbing school aggression.* Recuperado de http://www.pathwayscourses.samhsa.gov/ bully/bully_intro_pg1.htm

Swahn, M., Topalli, V., Ali, B., Strasser, S., Ashby, J., & Meyers, J. (2011). Pre-teen alcohol use as a risk factor for victimization and perpetration of bullying among middle and high school students in Georgia. *Western Journal of Emergency Medicine, 3*(3), 603-309. Recuperado de http://escholarship.org/uc/item/80v654vd

Ttofi, M., Farrington, D. P., Lösel, F., & Loeber, R. (2011). The predictive efficiency of school bullying versus later offending: A systematic/meta-analytic review of longitudinal studies. *Criminal Behaviour & Mental Health, 21*(2), 80-89. doi: 10.1002/cbm.808

Varela Torres, J., & Lecannelier Acevedo, F. (2008). Violencia escolar (bullying): ¿Qué es y como intervenir? *Online submission.* Recuperado de http://www.ocse.mx/pdf/66_ Varela.pdf

Vera, B. (2006). Psicología positive: Una nueva forma de entender la psicología. *Papeles del Psicólogo, 27*(1), 3-8. Recuperado de http://www.cop.es/papeles

Waasdorp, T., Bradshaw, C. P., & Duong, J. (2011). The link between parents perceptions of the school and their responses to school bullying: Variation by child characteristics and the forms of victimization. *Journal of Educational Psychology, 103*(2), 324-335. doi: 10.1037/a0022748

Whitted, K., & Dupper, D. (2005). Best practices for preventing or reducing bullying in schools. *Children & Schools, 27*(3), 167-174. Recuperado de http://docserver.ingentaconnect. com/deliver/connect/ nasw/01627961/v27n3/s5.pdf?expires=1333888410&id=68178 812&titleid=6452&accname=Guest+User&checksum=AB7547B4A5501B98B365DD 2385C9760F

Zabaraín-Cogollo, S., & Sánchez-Pabón, D. (2009). Implicaciones del bullying o maltrato entre pares en el desarrollo psicoafectivo de niños y niñas en etapa de latencia. *Psicogente, 12*(22), 407-421. Recuperado de http://www.unisimonbolivar.edu.co/ rdigital/ psicogente/index.php/psicogente

AVISO DE "COPYRIGHTS"

Para las imágenes se adquirió un permiso de uso o licencia de uso por Depositphotos. com, en adelante aparecen los nombres de las fotos y su contribuidor según el orden en que aparecen en el libro desde la portada en adelante:

School bully, child being bullied in playground	©Depositphotos/mandygodbehear
School bully or bullies bullying sad lonely child	©Depositphotos/mandygodbehear
Upset boy against a wall	©Depositphotos/Mikael Damker
Girl upset	©Depositphotos/Elena Elisseva
Cartoon bully	©Depositphotos/dedMazay
Cyber bullying concept cartoon	©Depositphotos/Grant Cochrane
Teenage girl looking thoughtful about troubles	©Depositphotos/Jochen Schoenfeld
Child hands protecting clay people	©Depositphotos/Nagy-BagolyIlona
Girl in an environment of books on white	©Depositphotos/Andriy Brazhnykov
Child Abuse	©Depositphotos/lightsource
Signs of bullying	©Depositphotos/Gerardo Martinez
Inflatable Raft	©Depositphotos/Lorelyn Medina

Funny traffic lights with man silhouette	©Depositphotos/Andrejs Severetnikovs
Thinking man	©Depositphotos/Matthew Cole
Mirror	©Depositphotos/Olga Shevchenk
Emoticon Smiley Face Doodles	©Depositphotos/Arena Creative
Conversation	©Depositphotos/Sergey Vasiliev
Angry Kid	©Depositphotos/Lorelyn Medina
Kids with Blank Board	©Depositphotos/Lorelyn Medina
Cartoon adorable boy thinking isolated on white	©Depositphotos/acidburn
Kids with Sign	©Depositphotos/Yael Weiss
Walking Together	©Depositphotos/Lorelyn Medina
Children Jumping	©Depositphotos/Lorelyn Medina
Cartoon Children in Front of White Board	©Depositphotos/Denis Cristo
Kids with Blank Board	©Depositphotos/Lorelyn Medina
Sense of Hearing	©Depositphotos/Lorelyn Medina
Letter Kid A	©Depositphotos/Lorelyn Medina
Letter Kid B	©Depositphotos/Lorelyn Medina

Letter Kid C	©Depositphotos/Lorelyn Medina
In Class	©Depositphotos/Lorelyn Medina
Paper Kids	©Depositphotos/Lorelyn Medina
Future Painter	©Depositphotos/Lorelyn Medina

Si quiere enviarme sus comentarios, observaciones o experiencias,
lo puede hacer al correo electrónico: dramariammendoza@yahoo.com.